Inhalt

I. Kapitel

Allgemeines

1 Vorwort

Dieses Diätkochbuch richtet sich in erster Linie an die Eltern von Säuglingen und Kindern und an Erwachsene mit Nahrungsmittel-Allergien, die durch ärztliche Untersuchungen auf schulmedizinischer Basis diagnostiziert wurden. Aus diesem Grund sollte die Anwendung der vorliegenden Rezepte möglichst Teil einer ärztlich geleiteten Therapie sein, die von Ernährungswissenschaftlern und Diätassistenten begleitet wird.

Da Nahrungsmittel-Allergiker, ähnlich wie Zuckerkranke, eine langfristige und genau einzuhaltende Diät brauchen, sollte der Patient in Grundzügen wissen, welche Mechanismen zur Krankheit führen und welche Behandlungsweisen erforderlich sind, um die Beschwerden zu lindern und um eventuell bleibende Gesundheitsschäden zu verhindern. Aus diesem Grund soll im Rahmen des Vorworts das Wesen allergischer Reaktionen erläutert werden. Zusätzlich zu allergischen Reaktionen können auch pseudoallergische Reaktionen auftreten. Das sind Reaktionen auf Lebensmittel-Zusatzstoffe, wie Farb- und Konservierungsstoffe, und Histamin freisetzende Nahrungsmittel. Bekannt dafür sind unter anderem Schokolade, Zitrusfrüchte, Schweinefleisch und dergleichen.

Studien von Varonier (1984), Mitchell (1983) und Aberg (1988) ergaben, daß allergische Erkrankungen in der Bevölkerung ständig zunehmen. Dies gilt auch für die Bevölkerung der Bundesrepublik Deutschland. Nach den Untersuchungsergebnissen von Kropf-Herwig und Wahn (1988) haben etwa 25 Prozent aller Neugeborenen ein familiär erhöhtes Allergierisiko.

Allergiker bezeichnet man in der Medizin auch als Atopiker. Atopie ist ein griechisches Wort und bedeutet „anders reagieren". Die Neigung, allergisch zu reagieren, kann vererbt werden. Deshalb treten Allergien in manchen Familien gehäuft auf. Man kann dann von sogenannten Allergikerfamilien sprechen. Atopie – oder „anders reagieren" – bezieht sich auf die Abwehrbereitschaft des körpereigenen Immunsystems. Das Immunsystem hat die Funktion, den Organismus vor Infektionen zu schützen. Die Bestandteile dieses Schutzsystems sind unglaublich zahlreiche und erst teilweise erforschte Mechanismen.

Allgemein bekannt sind die weißen Blutkörperchen, wie
- *Leukozyten*
- *Lymphozyten*
- *und die Immunglobuline A, M, G, E und D*

Als Faktor beim Ablauf allergischer Reaktionen ist das Immunglobulin E am bekanntesten und scheinbar auch am häufigsten.

Eine entscheidende Eigenschaft des Immunsystems ist die Fähigkeit, auch kleinste Mengen von Fremdeiweiß zu erkennen. Die allergischen Reaktionen richten sich dabei nur gegen ganz bestimmte Eiweißstrukturen. Das Immunsystem kann deshalb nicht nur zwischen pflanzlichem und tierischem Eiweiß, sondern zum Beispiel auch zwischen dem Eiweiß von Weizenmehl und Roggenmehl oder zwischen Hühnchenfleisch-Eiweiß und Lammfleisch-Eiweiß unterscheiden.

Das Immunsystem des Allergikers ist nicht geschwächt, es reagiert überempfindlich und zu stark auch auf kleinste Mengen von Fremdeiweiß.

Typisch für die allergische Reaktion des Atopikers ist, daß die Heftigkeit der Abwehrreaktion zunimmt, je öfter der Organismus mit den allergieauslösenden Eiweißstrukturen in Kontakt kommt.

Krankheitssymptome, die durch allergische Abwehrreaktionen ausgelöst werden, können sehr vielfältiger Art sein, zum Beispiel:
- *Neurodermitis*
- *Fließschnupfen*
- *Häufiges Niesen*
- *Augenbrennen*
- *Heufieber*
- *Chronische Bronchitis*
- *Asthma bronchiale*
- *Chronische Mittelohrkatarrhe*
- *Chronische Kieferhöhlenkatarrhe*
- *Migräne*
- *Gelenkbeschwerden*
- *Durchfälle*
- *Gedeihstörungen*
- *Hyperaktivitätssyndrom*

Die Ursache einer Neurodermitis ist, neben zahlreichen anderen Faktoren, sehr häufig eine Nahrungsmittel-Allergie. Verdauungsstörungen und Enzymdefekte spielen hier keine Rolle.

Wird eine Allergie durch Blütenpollen ausgelöst, treten die Beschwerden nur zu bestimmten Jahreszeiten auf, zum Beispiel Birkenpollen-Allergie im April und im Mai. Nach dieser Zeit bestehen auch ohne Behandlung keine Beschwerden.

Eine Allergie gegen Bettfedern wird so lange Beschwerden auslösen, bis man sich entschließt, sich von den Bettfedern zu trennen.

Bei allergischen Reaktionen, die durch Nahrungseiweiß ausgelöst werden, werden die Beschwerden nur dann auftreten, wenn dieses Nahrungseiweiß gegessen wird.

Die Schwierigkeit bei Nahrungsmittel-Allergien ist allerdings, daß die Beschwerden nicht direkt nach dem Verzehr auftreten müssen, sondern sich oftmals erst nach mehreren Stunden oder Tagen entwickeln. Dann ist der Zusammenhang zwischen Ernährung und Krankkeitssymptom kaum noch zu erkennen. Noch schwieriger wird es, wenn ein Nahrungsmittel für sich allein verträglich ist, in Verbindung mit anderen Substanzen aber Krankheitssymptome auslöst (pollenassoziierte Nahrungsmittel-Allergie nach C. Thiel).

Allgemein bekannt ist die Apfel-Birkenpollen-Kreuzallergie oder die Beifuß-Sellerie-Gewürz-Kreuzallergie. Es kann also durchaus passieren, daß ein Patient während des ganzen Jahres Äpfel verträgt, dann aber im April/Mai, wenn die Birke blüht, plötzlich Beschwerden bekommt. Die oben beschriebenen vielschichtigen Reaktionsformen bei Nahrungsmittel-Allergien erklären auch, daß Rotationsdiäten als diagnostische Maßnahme nicht immer zum Ziel führen.

Basis einer medizinischen Nahrungsmittel-Allergie-Diagnostik sollten folgende Untersuchungen sein, die allerdings nicht alle gleichzeitig erforderlich sind:

- *Prick-Test*
- *Intrakutan-Test*
- *Scratch-Test*
- *Reib-Test*
- *RAST-Test*
- *Degranulations-Test*

Akupunktur, Haaranalysen und die sogenannte zytotoxische Testmethode sind so ungenau, daß sie für den Aufbau einer diätetischen Behandlung nicht geeignet sind.

Liegt eine eindeutig nachgewiesene Allergie gegen nur ein oder wenige Nahrungsmittel, zum Beispiel gegen Milch- oder Ei-Eiweiß, vor, ist eine Auslaßdiät im Sinne der Vollwert-Kost (siehe Kapitel IV) ausreichend und erfolgversprechend. Da, wie oben beschrieben, Allergien Reaktionen des Immunsystems auf Fremdeiweiß sind, sollten auch bei dieser Kostform zunächst alle Nahrungsmittel erhitzt verwendet werden. Durch Hitze werden Eiweißstrukturen so verändert, daß sie weniger allergen sind. Rohkost sollte erst dann versucht werden, wenn die Nahrungsmittel in gekochter oder gebackener Form gut vertragen werden.

Liegt eine Nahrungsmittel-Allergie gegen viele Nahrungsmittel, insbesondere gegen sogenannte Grundnahrungsmittel wie Getreide, verschiedene Obst- und Gemüsesorten, Milch und Ei vor, stellen sich zwei wesentliche Fragen:

1. Reichen die noch verträglichen Nahrungsmittel aus, um den Patienten – vor allem, wenn es sich um ein noch in der Wachstumsphase befindliches Kind handelt – vollständig zu ernähren? Entsteht also durch die Diät keine Mangel- oder Fehlernährung?

2. Kann bei einer multifaktoriellen Nahrungsmittel-Allergie eine zusätzliche Kreuzallergie im Sinne der pollenassoziierten Nahrungsmittel-Allergie bzw. können Additionseffekte erkannt und ausgeschlossen werden?

Können diese beiden Fragen nicht eindeutig zugunsten des Patienten beantwortet werden, sollte eine Hydrolysaternährung erwogen werden.

Für diesen Personenkreis hat uns die Nahrungsmittelindustrie die Hydrolysatnahrungen (zum Beispiel Alfaré) zur Verfügung gestellt, die die Basis für eine strenge und medizinisch kontrollierte Ernährungsform sein können (Kapitel II und III).

Was sind Hydrolysatnahrungen?

Hydrolysatnahrungen enthalten alle Hauptnährstoffe und, nach gesetzlich vorgeschriebenen Bestimmungen, alle Vitamine, Mineralstoffe und Spurenelemente in einer solchen Menge, daß eine ausschließliche Ernährung damit möglich ist. Das in einer solchen Nahrung enthaltene Eiweiß wird, ähnlich wie bei der Verdauung, durch Hydrolyse in seine Bausteine bzw. kleinere Bruchstücke zerlegt. Dieses Eiweiß löst beim körpereigenen Immunsystem nur in Ausnahmefällen eine Überreaktion (Allergie) aus. Der Trick mit der Hydrolyse macht es also möglich, eine nahezu vollwertige Nahrung herzustellen, die dem Immunsystem eines Allergikers jedoch kaum Anlaß zu einer krankmachenden Abwehrreaktion gibt.

Ist eine Auslaßdiät wegen der Gefahr der Mangel- oder Fehlernährung nicht ratsam oder ist mit einer solchen Ernährung eine Kreuzallergie oder ein Additionseffekt nicht erkennbar, kann durch ausschließliche Ernährung mit einer Hydrolysatnahrung (Alfaré) folgendes erreicht werden:

1. Die Patienten – insbesondere Säuglinge und Kinder – können gefahrlos, auch über einen längeren Zeitraum, allergenarm ernährt werden, ohne daß Mangelerscheinungen auftreten.
2. Diese Ernährung kann so lange fortgesetzt werden, bis im Sinne der Allergenkarenz Beschwerdearmut oder Beschwerdefreiheit eingetreten ist, ohne daß eine Fehl- oder Mangelernährung zu befürchten ist.
3. Medikamente können eingespart werden.
4. Ist eine Beschwerdearmut oder Beschwerdefreiheit eingetreten, können Nahrungsmittel, die durch Allergietests als verträglich eingestuft worden sind, im Rahmen von Einzelprovokationen nach und nach in die Ernährung eingeführt werden (siehe Säuglinge, Kapitel II, ältere Kinder und Erwachsene, Kapitel III). Die Provokationen mit allergenen Nahrungsmitteln müssen, auch wegen ihrer Risiken, ärztlicher Aufsicht vorbehalten bleiben.
5. Der Zeitraum zwischen den einzelnen Provokationen soll mindestens 48 Stunden betragen, um auch verzögerte Reaktionen vom „Spättyp“ zu erkennen.
6. Nahrungsmittel, die Reaktionen auslösen, müssen umgehend aus dem Ernährungsplan gestrichen werden. Bis zur nächsten Provokation muß dann erst wieder Beschwerdefreiheit (meist 2 Tage) abgewartet werden.
7. Mit zunehmender Zahl wieder verträglicher Nahrungsmittel kann die notwendige Menge Hydrolysat reduziert werden. Dabei ist aber besonders darauf zu achten, daß ausreichend Mineralien, Spurenelemente und Vitamine in der Ernährung vorhanden sind.
8. Bei längerfristiger Hydrolysaternährung sollte der Arzt die Elektrolyte im Blut, besonders Calcium, dahingehend kontrollieren, ob eine Supplementierung nötig ist.

Im Rahmen einer Diplomarbeit von M. Leonhardt konnte anhand von 33 untersuchten Patienten gezeigt werden, daß unter dreiwöchiger ausschließlicher Hydrolysaternährung mit anschließendem Nahrungsaufbau, ein altersentsprechender Gewichtsanstieg und Größenwachstum in einem Untersuchungszeitraum von mindestens 1 Jahr zu verzeichnen war.
Ebenfalls konnte eine negative Auswirkung einer überwiegenden Hydrolysatnahrung auf die Serumelektrolyte Magnesium, Calcium und Phosphat ausgeschlossen werden. Bei stark untergewichtigen Kindern konnte ein deutliches Aufholwachstum beobachtet werden.

Für Ärzte, die sich fachlich über die medizinischen Aspekte der Diagnostik und Therapie von Nahrungsmittelallergien informieren wollen, ist ein Lehrbuch „Neurodermitis, Praxisnahe Diagnostik, Therapie und Prävention“ beim Nestlé Wissenschaftlicher Dienst erhältlich.

Guten Appetit!

Dr. Deilmann
83410 Laufen
Schloßklinik Abtsee

2 Anmerkungen zum Gebrauch des Kochbuchs

Dieses Diätkochbuch stellt einen Ratgeber für Nahrungsmittel-Allergiker jeglichen Alters dar. Die grundlegende Idee für dieses Buch ist die Versorgung mit den lebensnotwendigen Nährstoffen in den einzelnen Altersgruppen, obwohl ganz unterschiedliche Einschränkungen in der Nahrungsmittelauswahl bestehen. Das Buch soll eine Hilfe sein, bei einer bestehenden Nahrungsmittel-Allergie einer einseitigen Ernährung vorzubeugen, da diese leicht zu Überdruß und sogar zur Fehlernährung führen kann.

Viele verschiedene Rezepte sowie Anregungen machen es möglich, eine abwechslungsreiche Kost zusammenzustellen, obwohl teilweise auf einzelne beziehungsweise ganze Nahrungsmittelgruppen verzichtet werden muß.

Somit ist dieses Buch eine Hilfe zur Selbsthilfe für eine ausgewogene und dem individuellen Krankheitsfall angepaßte Ernährung. Um die ausreichende Zufuhr von lebensnotwendigen Mineralstoffen, Spurenelementen und Vitaminen sicherzustellen, ist bei der Zusammenstellung der Tagespläne darauf zu achten, daß stets Obst- und Gemüserezepte enthalten sind. Ein besonderes Augenmerk ist auf die Versorgung mit Calcium und Magnesium zu legen. Eine regelmäßige Kontrolle des Blut-Calcium-Spiegels wird empfohlen. Eine Calcium- bzw. Magnesiumsupplementierung sollte mit dem Arzt besprochen werden.

Dieses Kochbuch ist in **4 Kapitel** eingeteilt:

Die **Kapitel II und III** umfassen Ernährungsvorschläge für eine streng allergenarme Diät auf der Basis der Hydrolysatnahrung Alfaré und bekannt reizarmen Nahrungsmitteln. Diese strenge Form ist für Säuglinge, Kinder und auch Erwachsene gedacht, die unter schweren allergischen Krankheiten (Neurodermitis, Asthma bronchiale, Migräne und Durchfallerkrankungen) leiden.

In **Kapitel II** ist der Aufbau einer allergenarmen Ernährung für Säuglinge bis zum 1. Lebensjahr beschrieben. Es handelt sich dabei um den Aufbau einer strengen Eliminations- beziehungsweise Provokationsdiät für die schrittweise Einführung der Beikost. Die Rezeptbeispiele zeigen Variationsmöglichkeiten auf, mit denen die Beikost den individuellen Bedürfnissen angepaßt werden kann. Mit steigender Zahl der verträglichen Nahrungsmittel ist eine immer variantenreichere und schmackhaftere Zubereitung gegeben.

Weiterführende Rezepte und Ratschläge, sowohl für eine strenge als auch für eine gelockerte Diät für Kleinkinder (nach dem 1. Lebensjahr), Kinder, Jugendliche und Erwachsene finden sich in **Kapitel III**. Ideenreiche Rezeptvorschläge ermöglichen eine vielseitige Gestaltung der Tagesspeisepläne.

In **Kapitel IV** wird eine allergenarme Ernährung in Form von einer möglichst vollwertigen Ernährung vorgestellt. Diese Ernährungsweise wendet sich an ältere Kinder und Erwachsene mit weniger stark ausgeprägten Nahrungsmittel-Allergien (leichtere Verläufe der Neurodermitis, des Asthma bronchiale etc.).

In **Kapitel I.3** werden diejenigen Nahrungsmittel aufgelistet, die in den Rezepten gemieden beziehungsweise bevorzugt eingesetzt sind. Der Aufbau der Rezepte und die verwendeten Maße sind einheitlich. Soweit nicht anders vermerkt, werden die Rezeptmengen für 2 Personen angegeben. Die Energie-, Nährwert- und Mengenangaben beziehen sich auf eine Erwachsenenportion. Die Berechnungen der Energie- und Nährwerte wurden mit dem Computer-Programm Prodi III plus durchgeführt. Datenbanken hierzu sind Souci/Fachmann/Kraut und der Bundeslebensmittelschlüssel. Die Rezepte in Kapitel II sind speziell für Säuglinge berechnet.

3 Nahrungsmittelauswahl für allergenarme Ernährung

3.1 Nahrungsmittel, die in der Aufbauphase der allergenarmen Ernährung grundsätzlich vermieden werden

- *Zitrusfrüchte aller Art*
- *Kiwis, Ananas, Mangos, Pfirsiche, Rhabarber*
- *Beerenfrüchte (Ausnahme: Blaubeeren)*
- *Nüsse, Mandeln, Pistazien, Ölfrüchte, Sonnenblumen-, Pinien-, Kürbiskerne*
- *Haushaltszucker und brauner Zucker, Süßwaren, Honig, Ahornsirup*
- *Tomaten, Sellerie, Paprika, Rettich, Radieschen, Meerrettich, Hülsenfrüchte (getrocknete Bohnen, Erbsen und Linsen), Sauerkraut*
- *Kresse, Basilikum*
- *exotische Gewürze wie Vanille, Zimt, Curry, Muskat etc.*
- *Eier*
- *Milch und Milchprodukte*

  } *Vorsicht: Oft enthalten in Fertig- oder Halbfertigprodukten! Zutatenliste beachten*
- *Fisch und Schalentiere*
- *Schweinefleisch*

3.2 Nahrungsmittel, die erfahrungsgemäß selten allergische Reaktionen auslösen

– *Gemüse:*	grüne Gurke, Zucchini, Kürbis, Aubergine, Fenchelgemüse, Pastinakenwurzel, Petersilien- und Schwarzwurzeln, Karotten, Teltower Rüben/Weiße Rüben, Steckrüben/Kohlrüben, Spargel, Chicorée, alle grünen Salate (Kopfsalat, Feldsalat, Eisbergsalat etc.), Spinat, Mangold, rote Bete, Lauch, alle Kohlarten (zum Beispiel Blumenkohl, Kohlrabi, Weißkohl, Rotkohl, Chinakohl), grüne Bohnen, grüne Erbsen, frische Champignons, frische Austernpilze, Bataten, Kartoffeln, Topinambur
– *Früchte:*	Birne, säurearmer Apfel (beide Obstsorten sollten bei der Provokation ohne Schale und ohne Kernhaus verabreicht werden. Nach gutem Vertragen kann auch die Schale mitgegessen werden), Melone, Avocado, Süßkirschen, Weintrauben, Blaubeeren, Pflaumen, Mirabellen und Aprikosen, ungeschwefelte Sultaninen, Backpflaumen, getrocknete Aprikosen (generell ungeschwefeltes Trockenobst verwenden), Datteln, Feigen, Bananen
– *Getreide:*	Amarant, Quinoa, Tapiokasago, Reis, Buchweizen, Gerste, Hafer, Eßkastanienmehl (Maronen)
– *Fleisch:*	Geflügel (Huhn, Hähnchen, Pute, Ente, Gans), Lamm, Rindfleisch, Kaninchen, Kalbfleisch, Ziege, Pferdefleisch

Von den verträglichen Fleischsorten können die Kochbrühe und, in kleinen Mengen, die Innereien mitverwendet werden

– *Kräuter und Gewürze:* ohne Provokation: Meersalz (Vollmeersalz), Jodsalz, weißer Pfeffer

mit Provokation: Knoblauchgranulat, Petersilie, Dill, Schnittlauch, Liebstöckel, Kerbel, Bohnen- und Gurkenkraut, getrockneter Majoran, Oregano und Thymian

– *Süßungsmittel:* wie Gewürze in kleinen Mengen verwenden

Achtung – diese Süßungsmittel gelten nicht als Süßigkeitenersatz: reiner Traubenzucker (Dextropur), Süßstoff in flüssiger Form (Achtung, kein Süßstoff in Pulverform, da er Milchzucker enthalten kann), Apfel- oder Birnendicksaft

– *Säuerungsmittel:* verdünnter Essigessenz (siehe Dosierungsanleitung)

– *Bindemittel:* Reis-, Mais- und Kartoffelstärke, Tapioka (Stärke aus der Maniokwurzel), Nestargel, Bindefix, Biobin

– *Backtriebmittel:* Trockenhefe, Weinsteinbackpulver (Vorsicht: oft Maisstärke als Trägersubstanz enthalten), Sauerteig, Hirschhornsalz, Natron

– *Öle und Fette:* raffinierte Pflanzenöle: Sonnenblumenöl, Distelöl, Maiskeimöl, Olivenöl. Zu beachten: Wegen seiner besonderen standardisierten Reinheit sollte nur Thomy's Sonnenblumenöl verwendet werden;

milcheiweißfreie Margarine (zum Beispiel Vitagen, Vitaquell extra, becel leicht Diät-Halbfettmargarine, Rau Diätmargarine, Deli Reform-Diätmargarine etc.)

– *Getränke:* Mineralwasser mit wenig Kohlensäure und geringem Salzgehalt;
Tee und Teegetränke: Schwarzer Tee, Lindenblüte, Holunder, Stiefmütterchen, Fenchel, Alete Baby-Fenchel-Tee, Alete Fencheltee mit Apfel- oder Birnensaft

– *Säfte:* Apfel-, Birnen-, Trauben-, Süßkirschen- und Pflaumensaft ohne Zucker und Konservierungsstoffe. Diese Säfte bitte nur verwenden, wenn sich die Obstsorten als verträglich herausgestellt haben.

– *Zubereitung:* Wärme- beziehungsweise hitzebehandelt sind Nahrungsmittel generell allergenärmer als im rohen Zustand. Das enthaltene Eiweiß wird unter der Wärmebehandlung verändert, das heißt denaturiert und dadurch verträglicher.
Daher: neue Nahrungsmittel zuerst immer in gekochter, gedünsteter, gedämpfter oder gebratener Form einsetzen oder auch in der Mikrowelle zubereiten.

Wichtige Hinweise:

Bevorzugen Sie bei Gemüse, Obst und Fleisch frische Ware. Falls diese nicht erhältlich ist, können Sie auch auf Tiefkühlkost ausweichen. Konserven sollten nicht eingesetzt werden, es sei denn, Sie stellen die Konserven selbst ohne Zucker und Konservierungsmittel her.

Verwenden Sie keine anderen Fertig- oder Halbfertigprodukte als in den Diätvorschlägen beziehungsweise Rezepten angegeben sind (Vorsicht vor Kuhmilcheiweiß oder Zusatzstoffen wie Farb- und Konservierungsstoffen etc. und Zucker!). Äpfel und Birnen sollten möglichst säurearm und abgelagert sein.

II. Kapitel

Allergenarme Ernährung von Säuglingen bis zum 1. Lebensjahr

1 Aufbau einer strengen Eliminations- beziehungsweise Provokationsdiät mit reizarmen Nahrungsmitteln

Zu Beginn steht die ausschließliche Ernährung des Säuglings mit der Hydrolysat-Ernährung Alfaré. Unter Berücksichtigung des Alters des Kindes wird auf der Basisernährung mit Alfaré stufenweise eine allergendefinierte Beikost aufgebaut. Die Beikost ergänzt die Alfaré-Nahrung durch Ballaststoffe, Vitamine, Mineralstoffe und Spurenelemente. Schritt für Schritt wird eine allmähliche Hinführung zu einer an die normale Säuglings- und Kleinkinderernährung angepaßte Ernährungsform angestrebt. Die Beikostmahlzeiten sind Bausteine eines Tagesspeiseplans mit einer ausgewogenen Energie- und Nährstoffzufuhr. Als Richtlinien für die altersgerechten Nahrungsmittelmengen beziehungsweise für die Nährstoff- und Energiegehalte der einzelnen Mahlzeiten wurden die Empfehlungen der Deutschen Gesellschaft für Ernährung (DGE) und des Forschungsinstituts für Kinderernährung Dortmund zugrunde gelegt.

Die folgenden Aufbau- und Ernährungsvorschläge für den 5. bis 12. Lebensmonat sind lediglich als beispielhafte Tagesspeisepläne aufzufassen. Anhand dieser Beispiele können Sie individuell für Ihr Kind nach den Empfehlungen des behandelnden Kinderarztes beziehungsweise Allergologen den Aufbau der Beikost und der Tagesspeisepläne ausrichten. Damit die Rezeptauswahl für diesen Altersabschnitt erleichtert wird und Sie die Beikost besser den Bedürfnissen Ihres Kindes entsprechend zusammenstellen können, wurde eine Einteilung des Rezeptteils nach Grundnahrungsmitteln gewählt:

R = Reis
K = Kartoffeln (Gemüse)
G = Weizengrieß, Maisgrieß
S = Reis-, Kartoffel-, Maisstärke, Tapiokasago
HA = Haferflocken
HI = Hirse

In den einzelnen Rubriken sind die Rezepte fortlaufend numeriert. Jedes Rezept ist unter den entsprechenden Buchstaben mit der Nummer leicht zu finden. Die Einführung von Beikost sollte frühestens im 5. bis 6. Lebensmonat und unter ärztlicher Aufsicht erfolgen.

Grundprinzip: von Woche zu Woche nur ein neues Nahrungsmittel einführen, damit eindeutig die Verträglichkeit festgestellt werden kann.

1.1 Ernährung im 5. Lebensmonat

Es bestehen zwei Möglichkeiten, ein Alfaré-Fläschchen durch eine Beikost-Mahlzeit zu ersetzen:

1. Möglichkeit: Alfaré-Brei mit dem Grundnahrungsmittel Reis

2. Möglichkeit: Kartoffel-Gemüse-Alfaré-Brei

Im folgenden Monat wird als weitere Beikostmahlzeit die entsprechende Alternative eingesetzt.

Tagesspeiseplan im 5. Monat (1. Möglichkeit)

morgens	Alfaré-Fläschchen
vormittags	Alfaré-Fläschchen
mittags	Alfaré-Reisbrei (R1), ab 3. Woche Alfaré-Reisbrei mit Birne oder Apfel (R2, R3)
nachmittags	Alfaré-Fläschchen
abends	Alfaré-Fläschchen

1. Woche: Beginnen Sie vor dem Alfaré-Fläschchen am Mittag mit einigen Teelöffeln Alfaré-Reisbrei. Dazu entnehmen Sie etwas Alfaré-Lösung aus dem Fläschchen und rühren darin Alete Frischmilch-Brei (FMB) Reis bis zur gewünschten Konsistenz ein. Steigern Sie die Menge von Tag zu Tag bis zu ca. 25 g Alete Frischmilch-Brei Reis in ca. 130 ml Alfaré-Lösung. (Siehe auch Rezept

R1, zunächst ungesüßt und ohne Pflanzenöl.) Der Inhalt des zugefütterten Alfaré-Fläschchens wird dadurch entsprechend weniger und schließlich ganz durch den Alfaré-Reisbrei ersetzt.

2. Woche: Setzen Sie dem Alfaré-Reisbrei dem Rezept entsprechend Sonnenblumen- oder Maiskeimöl zu, gegen Ende der Woche (5. Tag) kann ausnahmsweise etwas Süßstoff oder Traubenzucker (siehe R1) provoziert werden. (Süßen muß nicht sein!)

3. Woche: Füttern Sie nun vor dem Alfaré-Reisbrei zuerst 1 bis 2 TL Alete Baby-Birne oder Birnensaft, am nächsten Tag 3 bis 4 TL. Wird Birne gut vertragen, kann Rezept R2 oder R3 gefüttert werden.

4. Woche: Verfahren Sie mit der Provokation von Alete Baby-Apfel oder Apfelsaft genau wie in der 3. Woche mit Birne.

Anmerkung:

Die für die Rezepte ausgewählte Gläschenkost von Alete, wie Säfte, Früchte (Pürees, Kompotte), Gemüse (und später Baby-Menüs), gilt als besonders reizarm. Diese Produkte enthalten nur einen Rohstoff oder sind einfach zusammengesetzt. Sie sind weder gesüßt noch gesalzen oder gebunden, also frei von jeglichen Zusatzstoffen. Die verwendeten Früchte sind säurearm. Alle Rohstoffe werden streng auf Schadstoffe kontrolliert und unter vorgegebenen Anbaubedingungen angebaut.

Analog dazu kann mit der 2. Möglichkeit, dem Aufbau des Kartoffel-Gemüse-Alfaré-Breis (K1 und K2) verfahren werden, falls Reis nicht vertragen wird. Siehe dazu auch „Ernährung im 6. Lebensmonat“.

1.2 Ernährung im 6. Lebensmonat

Tagesspeiseplan im 6. Monat

morgens	Alfaré-Fläschchen
mittags	Alfaré-Kartoffelbrei (K1) ab 2. Woche Kartoffeln mit Karotten (K2) ab 4. Woche Kartoffeln mit Blumenkohl (K3)
nachmittags	Alfaré-Fläschchen
abends	Alfaré-Reisbrei mit Birne oder Apfel (R2, R3) ab 3. Woche Alfaré-Reisbrei mit Banane (R4)

Jetzt beginnt die Einführung einer 2. Beikostmahlzeit, entsprechend dem wachsenden Bedarf des Säuglings an Nährstoffen, Energie und Ballaststoffen. Bei dem vorgestellten Ernährungsbeispiel wird ein weiteres Alfaré-Fläschchen ersetzt, in diesem Fall durch einen Kartoffel-Gemüse-Alfaré-Brei (Rezepte K). Die für dieses Alter angebrachte Umstellung von 5 auf 4 Hauptmahlzeiten wird erleichtert, wenn Sie den sättigenden Alfaré-Reisbrei (R1, R2, R3) auf die Abendmahlzeit verlegen. (Das Fläschchen vom Vormittag entfällt).

Die Provokation von Kartoffeln und Gemüse erfolgt wieder bei der Mittagsmahlzeit.

1. Woche: Wie im 5. Monat füttern Sie vor dem Alfaré-Fläschchen am Mittag einige Teelöffel Kartoffelbrei. Rühren Sie dazu etwas Kartoffelpüree mit Alfaré-Lösung an. Steigern Sie die Menge von Tag zu Tag, bis Sie die Angaben von Rezept K1 etwa erreicht haben und ersetzen somit die reine Alfaré-Mahlzeit langsam durch den Kartoffelbrei.

2. Woche: Mischen Sie in steigenden Mengen, beginnend mit 1 bis 2 TL, zum Beispiel Alete Frühkarotten unter den Kartoffelbrei, und reduzieren Sie dabei gleichzeitig die Kartoffelmenge, bis Sie die Angaben von Rezept K2 erreicht haben.

3. Woche: Einführung eines weiteren neuen Nahrungsmittels, zum Beispiel Banane, Rezept Reisbrei mit Banane (R4). Am günstigsten wieder mit 1 bis 2 TL vor dem Reisbrei (R1) beginnen. Bananenmenge allmählich steigern und Reisbreimenge gleichzeitig entsprechend reduzieren, bis zu den Angaben von Rezept R4.

Bei Einführung eines neuen Nahrungsmittels zur Abendmahlzeit, bitte das Kind nachts auf Reaktionen kontrollieren (Unruhe, Blähungen etc.).

4. Woche: Einführung eines weiteren neuen Nahrungsmittels, zum Beispiel Blumenkohl, Rezept Kartoffelbrei mit Blumenkohl (K3). Verfahren Sie mit der Provokation von Blumenkohl ebenso, wie mit den Frühkarotten in der 2. Woche: 1 bis 2 TL dem Kartoffelbrei (K1) zusetzen. Blumenkohlmenge allmählich steigern, gleichzeitig Kartoffelbreimenge reduzieren, bis die Mengen von Rezept K3 erreicht sind.

Verträgt Ihr Säugling keine Kartoffeln, weichen Sie auf die Zubereitung von Gemüsebrei mit Reis nach Beispiel R5 aus.

1.3 Ernährung im 7. Lebensmonat

Tagesspeiseplan im 7. Monat

morgens	Alfaré-Fläschchen
mittags	Kartoffel-Gemüse-Alfaré-Brei (K4, K5, K6)
nachmittags	Reis-Obst-Brei, Alfaré-frei (R6)
abends	Alfaré-Reisbrei mit Birne, Apfel oder Banane (R7)

In diesem Zeitabschnitt ist es empfehlenswert, eine Alfaré-freie Getreide-Obst-Mahlzeit einzuführen, damit das Eiweißangebot nicht unnötig hoch wird. Am einfachsten ist eine solche Beikostmahlzeit ebenfalls mit dem Alete Frischmilch-Brei Reis (FMB) herzustellen. (Falls Reis nicht vertragen wurde, dafür aber Kartoffeln, kann ein Alfaré-freier Obstbrei auch mit Kartoffelstärke hergestellt werden. Ausweichmöglichkeiten wären auch Hirse-, Mais- oder Tapiokastärke.)

Für die Getreide-Obst-Breie – „Reis-Apfel- oder Reis-Birnen-Brei (R6)“ – sind die Zutaten bereits ausgetestet, so daß ein Alfaré-Fläschchen problemlos dagegen ausgetauscht werden kann. Milcheiweißfreie Margarine und weitere drei allergenarme Gemüse werden nacheinander von Woche zu

Woche nach der im 6. Monat beschriebenen Vorgehensweise provoziert, zum Beispiel Zucchini (K4), Brokkoli (K5), Kohlrabi (K4), Spinat (K6).

Anmerkung:

Die Auswahl der Gemüsesorten richtet sich nach Verträglichkeit, Allergenität (vgl. dazu im Kapitel I.3.2 Nahrungsmittel, die erfahrungsgemäß wenig Reaktionen auslösen, und aufgeführte Beispiele in den Rezepten) und auch nach der Saison. Ausweichmöglichkeiten sind durch tiefgefrorene Gemüse gegeben. Gemüse und Obst aus anerkannten biologisch-dynamischen oder biologisch-organischen Betrieben sollte der Vorzug gegeben werden. Für eine ausreichende Vitamin-A-Versorgung sollten vermehrt Karotten eingesetzt werden. Bei Verträglichkeit der milcheiweißfreien Margarine vor dem Pflanzenöl den Vorzug geben, damit die Linolsäurezufuhr ausgewogen bleibt.

1.4 Ernährung im 8. und 9. Lebensmonat

Tagesspeiseplan im 8. und 9. Monat

morgens	Alfaré-Fläschchen
mittags	Gemüse-Kartoffel-Fleisch-Mahlzeit, zum Beispiel Hühnchen in Karotten und Kartoffeln (K9, K10) oder Rindfleisch in Spinat, Kartoffelbrei (K11, K12) (beide auch als Alete Baby-Menü erhältlich) dazu 30 bis 50 g Früchtepüree oder Früchtekompott (zum Beispiel Birne, Apfel, Banane)
nachmittags	Reis-Obst-Brei, Alfaré-frei (R6)
abends	Alfaré-Reisbrei mit Früchten (R7)

8. Monat

Mit Zustimmung des Arztes können im Laufe des Monats zwei verschiedene Fleischsorten getestet werden. Geflügel, Lamm, Rind und Kaninchen gelten als relativ allergenarm. Im Hinblick auf die beiden einfach zusammengesetzten Baby-Menüs von Alete, deren Verabreichung eine große Arbeitserleichterung mit sich bringt, ist die Provokation von Hühnchen und Rindfleisch von Vorteil. Auf die gute und gleichbleibende Qualität der Produkte wurde bereits in den Ausführungen über die Ernährung im 5. Lebensmonat (II.1.1) hingewiesen.

Beginnen Sie wieder mit geringen Mengen, zum Beispiel mit 5 g püriertem Hühnchenfleisch. Mischen Sie das Fleisch unter die Kartoffel-Gemüse-Alfaré-Mahlzeit (K2) und verringern dabei die Menge an Alfaré. Bei einer Fleischmenge von ca. 20 g können Sie Alfaré ganz weglassen (K9). Verfahren Sie genauso mit Rindfleisch. Mischen Sie eine Menge von 5 g unter Rezept K6; K11 ist das fertige Menü. Auch hier gilt: pro Woche nur eine Fleischsorte testen. Da nach dem vorliegenden Schema die anderen Zutaten der einfach zusammengesetzten Alete Baby-Menüs bereits getestet worden sind, können sie bei Verträglichkeit von Hühnchen und Rindfleisch Ihrem Baby gefüttert werden. Je zwei weitere Gemüse- und Obstsorten werden im Laufe des Monats in den Speiseplan aufgenommen. (Siehe auch Anmerkung II.1.3.) Die Mittagsmahlzeit, bestehend aus Gemüse, Kartoffeln und Fleisch, kann zunehmend gröber gehalten werden, um Ihr Kind zum Kauen anzuregen. Fleisch ergänzt den Speiseplan vor allem mit Eisen zur Vermeidung von Blutarmut.

1.5 Ernährung vom 10. bis 12. Lebensmonat

Tagesspeiseplan im 10. bis 12. Monat

Frühstück	Alfaré-Fläschchen
1. Zwischenmahlzeit	1/2 Rezept Getreide-Obst-Brei, Alfaré-frei (R6, HA1 und HA2), oder 100 g Früchtekompott
Mittagessen	Gemüse-Kartoffel-Fleisch-Mahlzeit (K13), 30 bis 50 g Früchtekompott
2. Zwischenmahlzeit	10 bis 20 g Gebäck (Zwieback, Brötchen, Knäckebrot), dazu 5 g milcheiweißfreie Margarine oder ca. 40 g Früchtekompott, Tee oder Saft, zum Beispiel Alete Baby-Fencheltee oder Fencheltee mit Apfel- oder Birnensaft
Abendessen	Alfaré-Getreidebrei mit Früchten (R8, G1 bis G6)

Gegen Ende des 1. Lebensjahres wird der Übergang zur Kleinkinderkost angestrebt: Die bisher 4 Hauptmahlzeiten werden auf 3 gekürzt, dafür werden 2 Zwischenmahlzeiten eingeschoben. Die Verteilung der Mahlzeiten passen Sie am besten den üblichen familiären Gewohnheiten an. Gewöhnen Sie Ihr Kind an festere Kost und ans Trinken aus Becher und Tasse. Dem Grundprinzip folgend, werden von Woche zu Woche weitere als allergenarm geltende Obst-, Gemüse- und Fleischsorten in den Speiseplan aufgenommen. Starke Nahrungsmittel-Allergene (siehe Kapitel I.3.1 Nahrungsmittel, die in der Aufbauphase der allergenarmen Ernährung grundsätzlich vermieden werden) werden nach wie vor streng vermieden. (Siehe auch Anmerkung I.1.3)

Als Getreide stand bisher nur Reis auf dem Speiseplan. Als nächstes Getreide könnte Hafer eingeführt werden. Hafer gilt als gut verträglich und ernährungsphysiologisch wertvoll, er enthält jedoch Gluten. Auch hier gilt: vorsichtshalber im Rezept R6 erst einige Teelöffel Alete Frischmilch-Brei Reis anteilmäßig gegen Haferinstant oder Schmelzflocken austauschen. Die Menge allmählich steigern, bis der volle Reisanteil ersetzt ist. Der Austausch von Hafer erfolgt wegen dem günstigeren Beobachtungszeitraum besser tagsüber bei einem Alfaré-freien Reis-Obst-Brei. Wird Hafer vertragen, können die Rezepte HA1 bis HA3 gefüttert werden.

Bestehen keine Bedenken auf Gluten, kann gegen Ende des 1. Lebensjahres anstelle von Hafer oder Reis mit Alete Frischmilch-Brei Kinder-Grieß (FMB) ebenso verfahren werden.

Besteht eine Reaktion auf Gluten, sei es bei Grieß und/oder Hafer, können Sie Ihrem Kind keine Nahrungsmittel geben, die Weizen und/oder Hafer (als Grieß oder Mehl) enthalten.
Ausweichmöglichkeiten sind Maisgrieß (G6), Hirse (HI1) und Tapiokasago sowie Reis-, Mais-, Kartoffel- und Tapiokastärke (S1 – S5). Reis- und Kartoffelstärke brauchen nicht gesondert getestet zu werden, wenn Reis und Kartoffeln vertragen wurden.

Gebäckherstellung für die Zwischenmahlzeit:

Beim Gebäck für die Zwischenmahlzeit müssen Sie unbedingt darauf achten, daß es kein Hühnerei oder Soja enthält, solange diese Nahrungsmittel nicht provoziert worden sind. Bitte dazu genau die Angaben auf den Packungen lesen oder sich eingehend in der Bäckerei erkundigen. Das Gebäck aus eigener Herstellung ohne Konservierungsstoffe, ohne Zucker, ohne Milch- und Hühnereizusatz ist natürlich das am besten verträgliche. Sie können Gebäck, je nachdem, wie es Ihr Kind verträgt, aus reinem Hafermehl oder vollkommen ohne Gluten aus Hirse, Mais, Quinoa, Buchweizen etc. herstellen. Dazu wird auf die Rezeptvorschläge im III. Kapitel (2.6 und 2.7) verwiesen. Nach dem Grundprinzip werden die neuen Zutaten erst einzeln ausgetestet, wie zum Beispiel eine neue Mehlsorte oder ein neues Backtriebmittel. Falls Gluten in Form von Alete Frischmilch-Brei Kinder-Grieß vertragen wird, besteht die berechtigte Hoffnung, daß Ihr Kind auch auf Weizengluten nicht empfindlich reagiert. Auch hier Einzelprovokation von neuen Zutaten und Gebäckherstellung zunächst ohne Ei und Soja.

1.6 Ernährung nach dem 1. Lebensjahr (siehe dazu III. Kapitel)

Das Schema der Verteilung der Mahlzeiten im Tagesverlauf wird wie im 10. bis 12. Monat für die Kleinkind- und Kinderernährung bis hin zur Erwachsenenernährung beibehalten. Es gewährleistet eine günstige Energie- und Nährstoffverteilung über den Tag.

Weiterhin werden starke Nahrungsmittel-Allergene, wie eingangs aufgeführt, streng vermieden und wöchentlich nur ein neues reizarmes Nahrungsmittel erst in kleinen, dann in etwas größeren Mengen in den Speiseplan aufgenommen. Milcheiweiß und Ei-Eiweiß bleiben vorerst weiterhin ausgeschlossen. Gut vertragene Obst- und Gemüsesorten können in kleinen Mengen versuchsweise roh verabreicht werden.

Sie sehen, trotz strenger Regeln wird die Ernährung Ihres Kindes immer vielseitiger und abwechslungsreicher.

Achten Sie darauf, daß die Zwischenmahlzeiten nicht zu umfangreich sind und besonders am Vormittag nicht zu spät gegessen werden, um den Appetit für die Hauptmahlzeit nicht zu schmälern.

2 Rezeptteil: Abkürzungen, Maße und Gewichte

g	Gramm
ml	Milliliter
l	Liter
geh.	gehäuft
EL	Eßlöffel
KL	Kaffeelöffel = kleiner Löffel
TL	Teelöffel = etwas kleiner als Kaffeelöffel
ML	Meßlöffel

1 ML (gestrichen voll)	Alfaré	5 g	Pulver
1 EL (schwach geh.)	Alete Frischmilch-Brei Reis	3,7 g	
1 EL (stark geh.)	Alete Frischmilch-Brei Reis	4,2 g	
1 EL (stark geh.)	Weizen- oder Maisgrieß	ca. 15 g	
1 EL (schwach geh.)	Alete Frischmilch-Brei Kinder-Grieß	ca. 7 g	
1 EL (gestrichen voll)	Traubenzucker (Dextropur)	10 g	
1 EL (gestrichen voll)	Stärkemehl (Reis-, Mais- oder Kartoffelstärke)	10 g	
1 EL (gestrichen voll)	Kakao oder Karob	10 g	
1 EL	Pflanzenöl	10 g	
1 KL (gestrichen voll)	Traubenzucker, Stärke, Kakao oder Karob	5 g	
1 KL	Pflanzenöl	5 g	
1 TL (gestrichen voll)	Traubenzucker, Stärke, Kakao oder Karob	3 g	
1 TL	Pflanzenöl	3 g	

Falls im Rezept nichts Anderes angegeben ist, gelten die oben genannten Maße für die entsprechenden Mengen.

Wichtig: Alete Frischmilch-Breie sind Instantprodukte ohne Milchbestandteile, die statt mit Frischmilch mit Alfaré angerührt werden können.

Nährwertangaben:

E	Eiweiß
F	Fett
KH	Kohlenhydrate
kcal/kJ	Kilokalorien/Kilojoule

Traubenzucker wurde in allen Rezepten nicht berechnet, Süßstoff enthält keine Kalorien. Wenn Traubenzucker verwendet wurde, so entsprechen:

1/2 KL = 2,5 g Traubenzucker = 2,5 g KH = 10 (42) kcal (kJ).

Küchentechnische Anmerkungen: Als **Dämpfen** bezeichnet man als ein Garen im strömenden Wasserdampf im Dämpfer oder auf einem Siebeinsatz im geschlossenen Topf oder im Dampfdrucktopf.

Dünsten ist ein Garen im eigenen Saft, eventuell unter Zugabe von wenig Wasser (zum Beispiel bei Kartoffeln und trockenem Gemüse wie Blumenkohl, Kohlrabi etc.) im geschlossenen Topf. Dabei zuerst andünsten bei gut mittlerer Hitze, dann fertig garen bei mäßiger Hitzezufuhr.

2.1 Rezepte mit Reis (R)

Ab 5. Monat

R1 Reisbrei (Grundrezept mit Alete Frischmilch-Brei Reis)

(1 Portion ca. 180g: 230 kcal; 965 kJ; 5g E; 10g F; 31g KH)

130 ml	Wasser
3 1/2 ML	Alfaré
6 EL (stark geh.)	Alete Frischmilch-Brei Reis
1 KL	Sonnenblumenöl (oder Maiskeimöl)
Evtl. 1/2 KL	Traubenzucker (oder einige Tropfen Süßstoff)

Wasser abkochen, in einen Breiteller gießen und auf ca. 50 °C abkühlen lassen. Alfaré, Frischmilch-Brei Reis, Pflanzenöl und eventuell Traubenzucker oder Süßstoff gut einrühren.

(Zur Provokation von Reis wird das Rezept erst ohne Öl und Süßmittel gefüttert. In der folgenden Woche erst Öl und später eventuell Süßmittel zugeben).

R2 Reisbrei mit Birnen- oder Apfelsaft

(1 Portion ca. 200g: 239 kcal; 1006 kJ; 5g E; 10g F; 33g KH)

130 ml	Wasser
3 1/2 ML	Alfaré
6 EL (stark geh.)	Alete Frischmilch-Brei Reis
20 ml	Alete Baby-Birnensaft (oder Baby-Apfelsaft)
1/2 KL	Sonnenblumenöl (oder Maiskeimöl)

Wasser abkochen, in einen Breiteller gießen und auf ca. 50 °C abkühlen lassen. Birnensaft oder Apfelsaft zumessen, übrige Zutaten gut unterrühren.

R3 Reisbrei mit Birnenpüree

(oder mit Apfel- oder Karottenpüree)

(1 Portion ca. 200g: 241 kcal; 1013 kJ; 5g E; 10g F; 34g KH)

130 ml	Wasser
3 1/2 ML	Alfaré
6 EL (stark geh.)	Alete Frischmilch-Brei Reis
20 g	Alete Baby-Birne, Baby-Apfel, Fläschchen-Karotten oder Frühkarotten
1 KL	Sonnenblumenöl (oder Maiskeimöl)

Wasser abkochen, in einen Breiteller gießen und auf ca. 50 °C abkühlen lassen. Alfaré und Frischmilch-Brei Reis gut einrühren, Früchte- oder Gemüsepüree und Pflanzenöl untermischen.

R4 Reisbrei mit Banane

(1 Portion ca. 200g; 227 kcal; 956 kJ; 5g E; 8g F; 35g KH)

130 ml	Wasser
3 1/2 ML	Alfaré
6 EL (stark geh.)	Alete Frischmilch-Brei Reis
20 g	Banane (geschält)
1 TL	Sonnenblumenöl (oder Maiskeimöl)

Wasser abkochen, in einen Breiteller gießen und auf ca. 50 °C abkühlen lassen. Alfaré und Frischmilch-Brei Reis gut einrühren. Banane fein zerdrücken und mit dem Pflanzenöl untermischen.

Werden Apfel, Birne oder Banane nicht vertragen, können die Früchte gegen andere Früchtepürees, zum Beispiel Blaubeere, Pflaume, Mirabelle, oder gegen Traubensaft ausgetauscht werden.

R5 Reisbrei mit Karotten

(oder Zucchini, Brokkoli, Kohlrabi, Blumenkohl, Fenchel und anderes Gemüse)

(1 Portion ca. 200g: 253 kcal; 1061 kJ; 6g E, 10g F; 35g KH)

130 ml	Wasser
4 ML	Alfaré
6 EL (stark geh.)	Alete Frischmilch-Brei Reis
40 g	Alete Frühkarotten, (oder Karottenpüree oder anderes reizarmes, gekochtes Gemüsepüree; siehe Allgemeiner Teil, 3.2)
1 KL	Sonnenblumenöl (oder Maiskeimöl)

Wasser abkochen, in einen Breiteller gießen und auf ca. 50 °C abkühlen lassen. Alfaré und Frischmilch-Brei Reis gut einrühren. Gemüsepüree und Öl untermischen.

Ab 7. Monat

R6 Alfaré-freier Reis-Apfel-Brei

(oder Reis-Birnen-Brei; kann warm oder kalt gegessen werden)

(1 Portion ca. 230g: 229 kcal; 968 kJ; 2g E; 10g F; 32g KH)

100 ml	abgekochtes Wasser
5 EL (stark geh.)	Alete Frischmilch-Brei Reis
1 EL	milcheiweißfreie Margarine (oder Sonnenblumenöl oder Maiskeimöl)
100 g	Alete Baby-Apfel (oder Baby-Birne)

Warmes Wasser in den Breiteller geben. Frischmilch-Brei Reis einrühren. Fett und Baby-Apfel oder Baby-Birne untermischen.

R7 Reisbrei mit einer Obstsorte

(z. B. Apfel, Birne, Banane, Blaubeeren, Pflaumen, Mirabellen, Aprikosen oder Süßkirschen)

(Grundrezept)

(1 Portion ca. 220g; 278 kcal; 1168 kJ; 6g E; 11g F; 39g KH)

130 (140) ml	Wasser
4 1/2 ML	Alfaré
6 EL (stark geh.)	Alete Frischmilch-Brei Reis
40 g	gekochte, passierte Früchte (oder Früchtepüree)
1 KL	milcheiweißfreie Margarine (Sonnenblumenöl oder Maiskeimöl)
Evtl. 1/2 KL	Traubenzucker (oder einige Tropfen Süßstoff)

Wasser abkochen, in einen Breiteller gießen und auf ca. 50 °C abkühlen lassen. Alfaré und Frischmilch-Brei Reis gut einrühren, Früchtepüree und Fett untermischen, nach Geschmack süßen.

R8 Reisbrei mit zwei Obstsorten

(z. B. Alete Birne in Apfel, Alete Banane in Apfel, Alete Aprikosen mit Birne)

(1 Portion ca. 230g: 279 kcal; 1172 kJ; 6g E; 11g F; 40g KH)

140 ml	Wasser
4 1/2 ML	Alfaré
6 EL (stark geh.)	Alete Frischmilch-Brei Reis
40 g	Alete Birne in Apfel (oder Banane in Apfel oder Aprikosen mit Birne)
1 KL	milcheiweißfreie Margarine (oder Sonnenblumenöl oder Maiskeimöl)
Evtl. 1/2 KL	Traubenzucker (oder einige Tropfen Süßstoff)

Wasser abkochen, in einen Breiteller gießen und auf ca. 50 °C abkühlen lassen. Alfaré Frischmilch-Brei Reis und Fett gut einrühren, Alete Früchtepüree untermischen und nach Geschmack süßen.

Ab 10. Monat

R9 Reis- oder Tapiokabrei mit Obst oder Gemüse

(Grundrezept)

(1 Portion [Grundrezept ohne Obst oder Gemüse] ca. 210g: 249 kcal; 1042 kJ; 6g E; 10g F; 35g KH)

2 EL (stark geh.)	Weichreis oder Tapiokasago
180 ml	Wasser
4½ ML	Alfaré
1 KL	milcheiweißfreie Margarine (oder Sonnenblumenöl oder Maiskeimöl)
Evtl. ½ KL	Traubenzucker (oder einige Tropfen Süßstoff)
40 g	Obstsaft (oder Früchtepüree, Früchtekompott) oder Gemüsepüree von bisher vertragenen Früchten oder Gemüsesorten

Für den Reisbrei Weichreis waschen und brühen und in kaltes Wasser geben. Bei mäßiger Hitze zum Kochen bringen, langsam gar kochen und gut ausquellen lassen, unnötiges Rühren dabei vermeiden. Garzeit 15 Minuten.

Oder: Für den Tapiokabrei Tabioaksago in kochendes Wasser unter Rühren einstreuen, unter Rühren bei schwacher Hitze gar kochen lassen. Garzeit ca. 15 Minuten.

Alfaré, Margarine oder Pflanzenöl unter den etwas abgekühlten Brei rühren. Eventuell etwas süßen und mit Obstsaft oder Früchten reichen. Zum ungesüßten Brei passen Gemüsepüree oder zerkleinertes gedünstetes Gemüse.

2.2 Rezepte mit Kartoffeln und/oder Gemüse (K)

Als Grundzutat werden in den Rezepten bewußt Kartoffeln verwendet, da sie in der Regel gut vertragen werden. Durch Beigabe steigender Mengen einzelner Gemüsesorten können diese, vom einfachen Grundrezept K1 ausgehend, ohne großen Aufwand provoziert werden.

Ab 5. Monat

K1 Kartoffelbrei

(1 Portion ca. 210g; 227 kcal; 951 kJ; 4g E; 12g F; 25g KH)

50 ml	Wasser
1 1/2 ML	Alfaré
140 g	Pellkartoffeln, geschält und gewogen
2 KL	Sonnenblumenöl (oder Maiskeimöl)

Alfaré in abgekochtem heißem Wasser lösen. Frisch gekochte und geschälte Kartoffeln durch Kartoffelpresse drücken und mit der Alfaré-Lösung und dem Pflanzenöl zu einem sämigen Brei rühren.

K2 Kartoffeln mit Karotten

(1 Portion ca. 220g: 217 kcal; 908 kJ; 4g E; 12g F; 23g KH)

50 ml	Wasser
1 1/2 ML	Alfaré
110 g	Pellkartoffeln, geschält und gewogen
40 g	Alete Fläschchen-Karotten (oder Alete Frühkarotten oder Karottenpüree)
2 KL	Sonnenblumenöl (oder Maiskeimöl)

Alfaré in abgekochtem heißem Wasser lösen. Frisch gekochte und geschälte Kartoffeln durch Kartoffelpresse drücken und mit der Alfaré-Lösung und dem Pflanzenöl zu einem sämigen Brei rühren. Karottenpüree untermischen.

K3 Kartoffeln mit Blumenkohl

(1 Portion ca. 220g: 215 kcal; 899 kJ; 5g E; 12g F; 22g KH)

50 ml	Wasser
1 1/2 ML	Alfaré
110 g	Pellkartoffeln, geschält und gewogen
2 KL	Sonnenblumenöl (oder Maiskeimöl)
40 g	gekochte Blumenkohlröschen

Alfaré in abgekochtem heißem Wasser lösen. Frisch gekochte und geschälte Kartoffeln durch Kartoffelpresse drücken und mit der Alfaré-Lösung und dem Pflanzenöl zu einem sämigen Brei rühren. Gedünsteten, pürierten Blumenkohl untermischen.

Ab 7. Monat

K4 Kartoffeln mit Kohlrabi

(oder Zucchini, Karotten)

(1 Portion ca. 225g: 235 kcal; 980 kJ; 6g E; 11g F; 28g KH)

50 ml	Wasser
4 ML	Alfaré
100 g	geschälte Kartoffeln
50 g	geschälten, geputzten Kohlrabi (oder Zucchini, Karotten)
2 TL	milcheiweißfreie Margarine (oder Sonnenblumenöl oder Maiskeimöl)

Alfaré in abgekochtem heißem Wasser lösen. Zerkleinerte Kartoffeln und Gemüse dämpfen oder dünsten und pürieren. Püree mit der Alfaré-Lösung und dem Fett zu einem sämigen Brei rühren.

K5 Kartoffeln mit Brokkoli

(Blumenkohl, Romanescu)

(1 Portion ca. 225g: 234 kcal; 976 kJ; 7g E; 11g F; 27g KH)

50 ml	Wasser
4 ML	Alfaré
100 g	geschälte Kartoffeln
50 g	geputzten Brokkoli (oder Blumenkohlröschen, Romanescu)
2 TL	milcheiweißfreie Margarine (oder Sonnenblumenöl oder Maiskeimöl)

Alfaré in abgekochtem heißem Wasser lösen. Zerkleinerte Kartoffeln und Gemüse dämpfen oder dünsten und pürieren. Püree mit der Alfaré-Lösung und dem Fett zu einem sämigen Brei rühren.

K6 Kartoffeln mit Spinat

(1 Portion ca. 225g: 247 kcal; 1033 kJ; 6g E; 11g F; 31g KH)

50 ml	Wasser
4 ML	Alfaré
130 g	geschälte Kartoffeln
20 g	Spinat, tiefgefroren, ohne Rahm (oder frischen, geputzten Spinat)
2 TL	milcheiweißfreie Margarine (oder Sonnenblumenöl oder Maiskeimöl)

Alfaré in abgekochtem heißem Wasser lösen. Zerkleinerte Kartoffeln und Spinat dämpfen oder dünsten und pürieren. Püree mit der Alfaré-Lösung und dem Fett zu einem sämigen Brei rühren.

K7 Kartoffeln mit Chinakohl

(oder Fenchel)

(1 Portion ca. 225 g: 227 kcal; 950 kJ; 6 g E; 11 g F; 26 g KH)

50 g	geputzten Chinakohl (oder Fenchel)
100 g	geschälte Kartoffeln
4 – 5 EL	Wasser
4 ML	Alfaré
2 TL	milcheiweißfreie Margarine (oder Sonnenblumenöl oder Maiskeimöl)

Gemüse in Streifen schneiden, Kartoffeln zerkleinern und in 4 bis 5 Eßlöffeln Wasser weich dünsten. Mit einem Mixstab pürieren und mit Alfaré und Fett zu einem sämigen Brei verrühren.

K8 Kartoffeln mit Pastinaken

(oder Schwarzwurzeln, Petersilienwurzeln)

(1 Portion ca. 225g: 233 kcal; 975 kJ; 6g E; 11g F; 27g KH)

100 g	geschälte Kartoffeln
50 g	geputzte Pastinaken (oder Schwarzwurzeln, Petersilienwurzeln)
4 – 5 EL	Wasser
4 ML	Alfaré
2 TL	milcheiweißfreie Margarine (oder Sonnenblumenöl oder Maiskeimöl)

Kartoffeln und Gemüse zerkleinern und in 4 bis 5 Eßlöffeln Wasser weich dünsten. Mit einem Mixstab pürieren und mit Alfaré und Fett zu einem sämigen Brei verrühren.

Ab 8. Monat

K9 Kartoffeln, Karotten und Hühnchen

(1 Portion ca. 230g: 198 kcal; 828 kJ; 7g E; 10g F; 18g KH)

100 g	geschälte Kartoffeln
50 g	geputzte Karotten (oder Alete Frühkarotten)
20 g	gegarte Hühnchenbrust
4 – 5 EL	Wasser
1 EL	milcheiweißfreie Margarine (oder Sonnenblumenöl oder Maiskeimöl)

Zerkleinerte Kartoffeln und Karotten in 4 bis 5 Eßlöffeln Wasser weich dünsten. Hühnchenfleisch noch warm dazugeben und alles mit einem Mixstab mehr oder weniger fein zerkleinern. Fett untermengen.

K10 Hühnchen in Karotten und Kartoffeln

(1 Portion ca. 200g: 190 kcal; 795 kJ; 7g E; 10g F; 16g KH)

100 g	geputzte Karotten (oder Alete Frühkarotten)
70 g	geschälte Kartoffeln
20 g	gegarte Hühnchenbrust
1 EL	milcheiweißfreie Margarine (oder Sonnenblumenöl oder Maiskeimöl)

Zerkleinerte Karotten und Kartoffeln in 5 Eßlöffeln Wasser weich dünsten. Karotten, Kartoffeln und Fleisch mit einem Mixstab mehr oder weniger fein zerkleinern. Fett untermengen.

K11 Kartoffeln, Spinat und Rindfleisch

(1 Portion ca. 210g: 202 kcal; 846 kJ; 8g E; 12g F; 16g KH)

100 g	geschälte Kartoffeln
20 g	gekochtes Rindfleisch
50 g	gekochter, pürierter Spinat
1 EL	milcheiweißfreie Margarine (oder Sonnenblumenöl oder Maiskeimöl)

Zerkleinerte Kartoffeln in 3 Eßlöffeln Wasser weich dünsten. Rindfleisch dazugeben und mit einem Mixstab mehr oder weniger fein zerkleinern. Spinat und Fett untermischen.

K12 Rindfleisch in Spinat und Kartoffeln

(1 Portion ca. 200g: 188 kcal; 788 kJ, 8g E; 12g F; 11g KH)

70 g	geschälte Kartoffeln
100 g	gekochter, pürierter Spinat
20 g	gekochtes Rindfleisch
1 EL	milcheiweißfreie Margarine (oder Sonnenblumenöl oder Maiskeimöl)

Zerkleinerte Kartoffeln in 2 bis 3 Eßlöffeln Wasser weich dünsten. Spinat, Kartoffeln und Fleisch mit einem Mixstab mehr oder weniger fein zerkleinern. Alle Zutaten noch warm, einschließlich Fett, gut vermischen.

Ab 10. Monat

K13 Fleisch mit Gemüse und Kartoffeln

(Grundrezept)

(1 Portion ca. 240g: 228 kcal; 954 kJ; 10g E, 13g F; 16g KH)

80 g	geschälte Kartoffeln
120 g	geputztes Gemüse (Möhren, Fenchel, Schwarzwurzel, Chinakohl, Brokkoli etc.)
1 EL	milcheiweißfreie Margarine (oder Sonnenblumenöl oder Maiskeimöl)
30 g	gegartes Fleisch (Geflügel, Lamm, Rind etc.)

Zerkleinerte Kartoffeln und Gemüse in 5 Eßlöffeln Wasser weich dünsten, mit einer Gabel zerdrükken, Fett und kleingeschnittenes Fleisch daruntermischen.

2.3 Rezepte mit Weizen- und Maisgrieß (G)

Ab 10. Monat (frühestens)

Nachfolgend stehen Rezepte mit Alete Frischmilch-Brei Kinder-Grieß. Der Alete Kinder-Grieß-Brei ist angereichert mit Vitaminen und Eisen. Der Alete Frischmilch-Brei Kinder-Grieß ist ein Instantprodukt, das heißt, er braucht nicht mehr gekocht zu werden. Selbstverständlich können Sie Grießbrei mit Weizengrieß auch selbst herstellen (G6). Bei Unverträglichkeit von Weizen tauschen Sie in dem Grundrezept Weizen- gegen Maisgrieß aus. Weitere Ausweichmöglichkeiten sind Früchtebreie mit Hirse (H1), Stärke (S4 und S5), Reis (R6 bis R9) oder Tapiokasago (R9).

G1 Kinder-Grießbrei

(Grundrezept mit Alete Frischmilch-Brei Kinder-Grieß)

(1 Portion ca. 210g: 284 kcal; 1194 kJ; 7g E; 10g F; 41g KH)

150 ml	Wasser
4 1/2 ML	Alfaré
4 – 5 EL	Alete Frischmilch-Brei Kinder-Grieß
1 KL	milcheiweißfreie Margarine (oder Sonnenblumenöl oder Maiskeimöl)

Wasser abkochen, in einen Breiteller geben und auf ca. 50 °C abkühlen lassen. Alfaré, Frischmilch-Brei Kinder-Grieß und Fett gut einrühren.

G2 Grießbrei mit Obstsaft

(Birnen-, Apfel-, Trauben-, Holundersaft etc.)

(1 Portion ca. 250g: 304 kcal; 1280 kJ; 8g E; 10g F; 46g KH)

150 ml	Wasser
4 1/2 ML	Alfaré
4 – 5 EL	Alete Frischmilch-Brei Kinder-Grieß
1 KL	milcheiweißfreie Margarine (oder Sonnenblumenöl oder Maiskeimöl)
40 ml	Obstsaft (Alete Birnen-, Apfel- oder Traubensaft etc.)

Wasser abkochen, in einen Breiteller geben und auf ca. 50 °C abkühlen lassen. Alfaré, Frischmilch-Brei Kinder-Grieß und Fett gut einrühren. Obstsaft leicht untermischen.

G3 Grießbrei mit Früchtepüree

(Birne, Apfel oder Banane)

(1 Portion ca. 250g: 308 kcal; 1297 kJ; 8g E; 10g F; 47g KH)

150 ml	Wasser
4 1/2 ML	Alfaré
4 – 5 EL	Alete Frischmilch-Brei Kinder-Grieß
1 KL	milcheiweißfreie Margarine (oder Sonnenblumenöl oder Maiskeimöl)
40 g	Früchtepüree (Alete Baby-Birne, Baby-Apfel, Banane)

Wasser abkochen, in einen Breiteller geben und auf ca. 50 °C abkühlen lassen. Alfaré, Frischmilch-Brei Kinder-Grieß und Fett gut einrühren, dann das Früchtepüree untermischen.

G4 Grießbrei mit Früchtepüree aus zwei Früchten

(Birne, Apfel, Banane, Aprikose)

(1 Portion ca. 250g: 308 kcal; 1297 kJ; 8g E, 10g F; 47g KH)

150 ml	Wasser
4 1/2 ML	Alfaré
4 – 5 EL	Alete Frischmilch-Brei Kinder-Grieß
1 KL	milcheiweißfreie Margarine (oder Sonnenblumenöl oder Maiskeimöl)
40 g	Früchtepüree (Alete Birne in Apfel, Banane in Apfel oder Aprikosen mit Birne)

Wasser abkochen, in einen Breiteller geben und auf ca. 50 °C abkühlen lassen. Alfaré, Frischmilch-Brei Kinder-Grieß und Fett gut einrühren, dann das Früchtepüree untermischen.

G5 Grießbrei mit Früchtekompott

(1 Portion ca. 250g: 305 kcal; 1284 kJ; 8g E; 10g F; 46g KH)

150 ml	Wasser
4½ ML	Alfaré
4 – 5 EL	Alete Frischmilch-Brei Kinder-Grieß
1 KL	milcheiweißfreie Margarine (oder Sonnenblumen- oder Maiskeimöl)
40 g	Früchtekompott (Blaubeere, Holunderbeere, Pflaume, Mirabelle oder Süßkirsche etc.)
½ KL	Traubenzucker (oder einige Tropfen Süßstoff)

Wasser abkochen, in einen Breiteller geben und auf ca. 50 °C abkühlen lassen. Alfaré, Frischmilch-Brei Kinder-Grieß und Fett gut einrühren. Dazu nach Geschmack gesüßtes Früchtekompott reichen.

G6 Grießbrei aus Weizen- oder Maisgrieß mit Obst oder Gemüse

(Grundrezept)

(1 Portion ca. 230g: 217 kcal; 906 kJ; 6g E; 10g F; 27g KH)

150 ml	Wasser
1 EL (stark geh.)	Weizen- oder Maisgrieß
4½ ML	Alfaré
1 KL	milcheiweißfreie Margarine (oder Sonnenblumenöl oder Maiskeimöl)
Evtl. ½ KL	Traubenzucker (oder einige Tropfen Süßstoff)
40 g	Obstsaft (oder Früchtepüree, Früchtekompott) oder Gemüse von bisher vertragenen Früchten oder Gemüsesorten

In das kochende Wasser Weizen- oder Maisgrieß einstreuen, aufkochen lassen und unter ständigem Rühren bei schwacher Hitze 5 bis 10 Minuten gar kochen. Alfaré und Margarine (oder Pflanzenöl) unter den etwas abgekühlten Brei rühren. Eventuell leicht süßen und mit Obstsaft oder Früchten reichen oder ungesüßt mit zerkleinertem gedünstetem Gemüse.

2.4 Rezepte mit Reis-, Kartoffel-, Maisstärke und Tapiokasago (S)

Ab 5. Monat

S1 Stärkebrei mit Früchten

(Grundrezept)

(1 Portion ca. 200g: 180 kcal; 751 kJ; 3g E; 8g F; 23g KH)

1 EL	Mais-, Reis-, Kartoffel- oder Tapiokastärke
130 ml	Wasser
3 1/2 ML	Alfaré
1 KL	milcheiweißfreie Margarine (oder Sonnenblumenöl oder Maiskeimöl)
40 g	Früchtepüree (Apfel, Birne, Banane etc.)
Evtl. 1/2 KL	Traubenzucker (oder einige Tropfen Süßstoff)

Stärke im Wasser verrühren und unter ständigem Rühren aufkochen lassen. Alfaré, Margarine (oder Öl) einrühren und nach dem Abkühlen Früchtepüree untermischen. Nach Geschmack süßen.

Ab 7. Monat

S2 Alfaré-freier Stärkebrei mit Früchten

(1 Portion ca. 215g: 149 kcal; 628 kJ; 1g E; 8g F; 19g KH)

2 TL	Mais-, Reis-, Kartoffel- oder Tapiokastärke
100 ml	Wasser
1 EL	milcheiweißfreie Margarine (oder Sonnenblumenöl oder Maiskeimöl)
100 g	Früchtepüree (z.B. Alete Baby-Apfel oder Baby-Birne)

Stärke im Wasser verrühren und unter ständigem Rühren aufkochen lassen, Fett unterrühren und nach dem Abkühlen Früchtepüree untermischen. Eventuell süßen.

S3 Stärkebrei mit Früchten

(Grundrezept)

(1 Portion ca. 230g: 218 kcal; 912 kJ; 4g E; 10g F; 29g KH)

1 – 1½ EL	Mais-, Reis-, Kartoffelstärke
150 ml	Wasser
4½ ML	Alfaré
1 KL	milcheiweißfreie Margarine (oder Sonnenblumenöl oder Maiskeimöl)
40 g	Früchtepüree oder Früchtekompott (z. B. Apfel, Birne, Banane, Aprikose oder Pflaume etc.)
½ KL	Traubenzucker (oder einige Tropfen Süßstoff)

Stärke im Wasser verrühren und unter ständigem Rühren aufkochen lassen. Alfaré, Margarine (oder Öl) einrühren. Etwas abkühlen lassen. Früchtepüree oder Früchtekompott unterziehen und nach Geschmack süßen.

Ab 10. Monat

S4 Flammeri mit Früchtekompott

(Grundrezept)

(1 Portion ca. 230g: 221 kcal; 924 kJ; 4g E; 10g F; 30g KH)

1½ EL	Mais-, Reis- oder Kartoffelstärke
150 ml	Wasser
4½ ML	Alfaré
1 KL	milcheiweißfreie Margarine (oder Sonnenblumenöl oder Maiskeimöl)
½ KL	Traubenzucker (oder einige Tropfen Süßstoff)
40 g	Früchtekompott von bisher vertragenen Früchten

Stärke im Wasser verrühren und unter ständigem Rühren aufkochen lassen. Alfaré, Margarine (oder Öl) einrühren und nach Geschmack süßen. In Puddingschalen füllen, erkaltet eventuell stürzen und mit Früchtekompott servieren.

S5 Schokoladenflammeri mit Früchten

(1 Portion ca. 235g: 231 kcal; 964 kJ; 5g E; 10g F; 30g KH)

1 1/2 EL	Mais-, Reis- oder Kartoffelstärke
1 TL	entölter Kakao (oder Karob)
150 ml	Wasser
4 1/2 ML	Alfaré
1 KL	milcheiweißfreie Margarine (oder Sonnenblumenöl oder Maiskeimöl)
1/2 KL	Traubenzucker (oder einige Tropfen Süßstoff)
40 g	Früchtekompott von bisher vertragenen Früchten (z.B. Birnen, Aprikosen)

Stärke und Kakao (oder Karob) mit dem Wasser verrühren und unter ständigem Rühren aufkochen lassen. Alfaré, Margarine (oder Öl) einrühren und nach Geschmack süßen. In Puddingschale füllen, erkaltet eventuell stürzen und mit gedünsteten Früchten servieren.

2.5 Rezepte mit Haferflocken (HA)

Ab 10. Monat

HA1 Alfaré-freier Haferflockenbrei mit Fruchtpüree

(z. B. aus Apfel oder Birne, warm oder kalt)

(1 Portion ca. 235g: 202 kcal; 851 kJ; 2 g E; 11 g F; 23 g KH)

110 ml	abgekochtes Wasser
15 g	Instant-Haferflocken oder Schmelzflocken
1 EL	milcheiweißfreie Margarine (oder Sonnenblumenöl oder Maiskeimöl)
100 g	Alete Baby-Apfel (oder Baby-Birne)

Warmes Wasser in den Breiteller geben. Haferflocken und Fett einrühren. Apfel- (oder Birnenpüree) mit dem Haferflockenbrei vermischen.

HA2 Alfaré-freier Haferflockenbrei mit Früchtekompott

(1 Portion ca. 235g: 180 kcal; 752 kJ; 3g E; 9g F; 20g KH)

110 ml	abgekochtes Wasser
1 EL	milcheiweißfreie Margarine (Sonnenblumenöl oder Maiskeimöl)
15 g	Instant-Haferflocken oder Schmelzflocken
100 g	Früchtekompott von bisher vertragenen Früchten (z. B. Apfel, Birne oder Pflaume)
Evtl. 1/2 KL	Traubenzucker (oder einige Tropfen Süßstoff)

Warmes Wasser in einen Breiteller geben. Margarine (oder Pflanzenöl) und Haferflocken einrühren. Gedünstetes Früchtekompott untermischen und nach Bedarf süßen.

Hinweis: Haferflockenbrei mit Diät-Margarine schmeckt warm besser.

HA3 Haferflockenbrei mit Früchten

(1 Portion ca. 245g: 286 kcal; 1194 kJ; 8g E; 14g F; 32g KH)

150 ml	Wasser
6 ML	Alfaré
20 g	zarte Haferflocken oder Instant-Haferflocken oder Schmelzflocken
1 KL	milcheiweißfreie Margarine (Sonnenblumenöl oder Maiskeimöl)
40 g	Früchtepüree oder Früchtekompott von bisher vertragenen Früchten, z.B. Süßkirsche
Evtl. 1/2 KL	Traubenzucker (oder einige Tropfen Süßstoff)

Wasser erwärmen. Alfaré und zarte Haferflocken einrühren. Bei mäßiger Hitze unter Rühren zum Kochen bringen, einmal kurz aufkochen, dann 5 bis 10 Minuten quellen lassen. Bei Verwendung von Instant-Haferflocken oder Schmelzflocken: Alfaré und Flocken in abgekochtes warmes Wasser – dabei nicht kochen – einrühren. Margarine oder Pflanzenöl und gedünstetes Früchtekompott untermischen. Nach Bedarf süßen.

2.6 Rezept mit Hirse (HI)

Ab 7. Monat

HI1 Hirsebrei mit Obst oder Gemüse

(Grundrezept)

(1 Portion ca. 240 g: 227 kcal; 946 kJ; 6g E; 10g F; 27g KH)

20 g	Hirseflocken
150 ml	Wasser
4 1/2 ML	Alfaré
1 KL	milcheiweißfreie Margarine (oder Sonnenblumenöl oder Maiskeimöl)
40 g	Obstsaft (oder Früchtepüree, Früchtekompott) oder Gemüsepüree von allergenarmen Früchten bzw. Gemüsesorten
Evtl. 1/2 KL	Traubenzucker (oder einige Tropfen Süßstoff)

Hirseflocken in das Wasser einstreuen, zum Kochen bringen und unter gelegentlichem Umrühren 5 Minuten schwach kochen lassen. Alfaré und Margarine (oder Öl) einrühren und mit Obstsaft (oder Früchten) reichen. Nach Bedarf süßen. Der Hirsebrei kann genausogut ungesüßt gegessen werden. Dann mit Gemüsepüree vermischen.

III. Kapitel

Allergenarme Ernährung für Kleinkinder, Kinder, Jugendliche und Erwachsene

1 Aufbau einer strengen Eliminations- beziehungsweise Provokationsdiät mit reizarmen Nahrungsmitteln

Mit dieser kleinen Einführung zu den nachfolgenden Rezeptvorschlägen sollen Anregungen gegeben werden, auch aus wenig verträglichen, zuvor provozierten Nahrungsmitteln und der Hydrolysatnahrung Alfaré Tagesspeisepläne zu erstellen. Der Übersicht halber sind die Rezepte auf drei Hauptmahlzeiten aufgeteilt:
- *Frühstück,*
- *Mittagessen,*
- *Abendessen.*

Getränke und Zwischenmahlzeiten werden separat behandelt.

Alfaré als Eiweißbasisernährung ist notwendig (bei Milch-, Ei-, Sojaunverträglichkeiten), um gerade beim wachsenden Organismus eine Mangel- und Fehlernährung zu vermeiden. Der behandelnde Arzt wird für den einzelnen Patienten die notwendige Tageskalorienmenge errechnen, nach der dann die Mahlzeiten, einschließlich der Alfaré-Menge, zusammengestellt werden.

Alle Nahrungsmittel werden in einer Einzelprovokation – zwei neue Nahrungsmittel in einer Woche – ausgetestet. Jedes Nahrungsmittel sollte zunächst einer Wärmebehandlung unterzogen werden, um das enthaltene Eiweiß zu denaturieren.

Wird zum Beispiel Gemüse gekocht, gedünstet oder mikrowellenbehandelt über mehr als 10 Tage hinweg vertragen, kann es auch in kleinen Mengen roh oder als Saft versucht werden.

Gemüsekochwasser und Fleischbrühe ergeben, vorausgesetzt, das entsprechende Nahrungsmittel wird ohne Reaktion vertragen, einen vorzüglichen Grundstock für Eintöpfe, Soßen und Gelees. Die Gelees sollten ohne Gelatine, und nur mit Nestargel angedickt werden.

Frische Kräuter (Dill, Schnittlauch, Petersilie, Kerbel) und getrocknete Kräuter (Thymian, Majoran, Knoblauchgranulat, Lorbeer), die nur in geschmackgebender Würze verwendet werden, bringen viel Abwechslung in die Gerichte und müssen nur 1 Tag provoziert werden. Jodsalz und weißer Pfeffer können ohne Provokation von Anbeginn an als Würzmittel zugegeben werden.

Mit kleinen Mengen Maggi flüssig können Suppen, Nudel- und Reisgerichte verfeinert werden. Als Bindemittel und Ei-Ersatz läßt sich mit einer Provokation von einem Tag sehr gut Nestargel in vorgegebener Menge verwenden. Grundsatz:

$$1 \text{ Teelöffel Nestargel} \mathrel{\hat{=}} 1 \text{ Ei.}$$

Andere Bindemittel sind die verträglichen Stärken und Mehle, zum Beispiel aus Kartoffeln, Mais, Reis und bei Glutenverträglichkeit Weizen Typ 405.

Triebmittel wie Trockenhefe, Weinstein, Natron oder Sauerteig aus Hefe mit 1-tägiger Provokation haben sich in der Praxis als wenig allergene Nahrungsmittel erwiesen.

Zum Süßen werden Traubenzucker, Dicksäfte (Apfel und Birne) oder Süßstoff (Cyclamat) verwendet. Auch verträgliches ungeschwefeltes Trockenobst (Sultaninen, Aprikose, Apfel, Birne, Pflaume) eignet sich in pürierter Form dazu.

Aus entöltem Kakao oder Karob und Traubenzucker läßt sich mit Alfaré-Lösung ein Kakaotrunk herstellen, der im Kühlschrank griffbereit aufbewahrt werden kann (siehe Rezept Seite 45).

Getränke: Mineralwasser mit wenig Kohlensäure und wenig Kochsalz, Malventee, Fencheltee, Stiefmütterchentee, Lindenblütentee. Erwachsenen Patienten sind zusätzlich magenfreundlicher Bohnenkaffee sowie schwarzer Tee erlaubt. Zu besonderen Anlässen sind gut durchgegorener Weiß- oder Rotwein und trockener Sekt in kleinen Mengen gestattet. Alfaré-Kakao oder Alfaré-Lösung, bei entsprechender Verträglichkeit Sojamilch, Sojakakao, Soja-Karob-Trank, Fruchtdicksäfte verdünnt, selbstgepreßte Obstsäfte, naturtrüber Obstsaft ohne Zucker und Konservierungsstoffe.

Alle Zitrussäfte, Kamille-, Pfefferminz-, Kräuter- und Früchteteemischungen, Hagebuttentee sind wegen des hohen Säuregehalts und/oder der ätherischen Öle nicht zu verwenden.

2 Rezeptteil: Abkürzungen, Maße und Gewichte

g	Gramm
kg	Kilogramm
ml	Milliliter
l	Liter
EL	Eßlöffel
TL	Teelöffel
ML	Alfaré-Meßlöffel (gestrichen voll) = 5 g
Pr	Prise
Bd	Bund
Pack	Packung
Tr	Tropfen
Stg	Stange
Msp	Messerspitze

2.1 Frühstück: Kakao und süße Brotaufstriche

Alfaré-Kakao (für ca. 2 Personen)

(1 Portion ca. 280g: 132 kcal; 552 kJ; 7g E; 6g F; 12g KH, ungezuckert)

7½ ML	Alfaré
500 ml	Wasser
3 EL	entölter Kakao (oder Karob)
	Traubenzucker nach Geschmack
1 Pr	Salz

Alfaré-Pulver in 450 ml Wasser klumpenfrei einrühren. Entölten Kakao mit dem Traubenzucker gut verrühren, in 50 ml Wasser aufkochen lassen. Unter die Alfaré-Lösung rühren und mit Traubenzucker und Salz abschmecken, kalt stellen, vor dem Trinken gut umrühren.

Heißer Alfaré-Kakao

Rezeptangabe siehe oben.

Hier erst das Kakao-Pulver in Wasser aufkochen lassen und dann das Alfaré-Pulver einrühren, dabei gut vermischen und abschmecken. Diese Mischung läßt sich auch gut einfrieren und als Schoko-Eis servieren.

Marmelade, selbstgemacht

Reife verträgliche Früchte in sehr wenig Wasser oder Obstsaft kurz kochen, pürieren oder kleinschneiden, bei Bedarf mit Nestargel andicken, bei sehr süßen Früchten Wein- oder Obstessig nach Geschmack hinzufügen. Richtwert: 250 g Früchte, eventuell 2 Eßlöffel Wasser und 2 g Nestargel.

Kaltgerührte Marmeladen

Sie werden aus frischen oder tiefgefrorenen Früchten hergestellt.

Je nach Bedarf sollten nur wirklich reife oder tiefgefrorene Früchte püriert werden, dann Traubenzucker oder Apfel- oder Birnendicksaft zum Süßen hinzugeben. Zum Andicken Nestargel verwenden (Mengenangaben siehe oben). Diese kaltgerührten Marmeladen halten sich in verschlossenen Gläsern im Kühlschrank ca. 1 bis $1^{1}/_{2}$ Wochen.

Kaltgerührte Marmeladen aus Trockenfrüchten

Sie werden zum Beispiel aus ungeschwefelten Backpflaumen, Aprikosen, Apfel- oder Birnenspalten, Sultaninen oder Bananen selbstgemacht.

Das Trockenobst möglichst über Nacht mit wenig Wasser bedeckt einweichen. Am Morgen das Einweichwasser abgießen, die Früchte pürieren, zum Andicken eventuell Nestargel hinzufügen. Apfel- oder Birnendicksaft, eventuell Traubenzucker nach Geschmack einrühren.

Avocadocreme

(1 Portion ca. 30g: 57 kcal; 238 kJ; 0,5g E; 6g F; 1g KH)

1	Avocado		Jodsalz, Weißer Pfeffer
1 EL	Weinessig		Knoblauchgranulat

Avocado halbieren, Stein entfernen, Fleisch aus der Schale heben und im Mixer pürieren. Essig und Gewürze hinzufügen, abschmecken. Die Creme als Brotaufstrich oder auch als Dip (zum Beispiel zu Chicorée) verwenden.

Karobcreme oder Kakaocreme

(1 Portion ca. 20g: 122 kcal; 509 kJ; 1g E, 11g F; 4g KH)

100 g	milcheiweißfreie Margarine	30 g	Traubenzucker
30 g	Karob oder entölter (!) Kakao		

Alle Zutaten im Mixer gut mischen und kalt stellen. Als Nachtisch oder als Brotaufstrich verwenden. Als Nachtisch läßt sich zum Beispiel „Birne Helene“ mit der Creme zubereiten: Birne schälen und entkernen. Der Länge nach halbieren und die Kakaocreme darübergeben.
Man kann die Creme auch als Kuchenfüllung oder für Kekse verwenden.

Kräutermargarine

(1 Portion ca. 20g: 149 kcal; 625 kJ; 0g E, 16g F; 0g KH)

140 g	milcheiweißfreie Margarine	8	Spritzer Maggi flüssig
2 Msp	Jodsalz	je 2 TL	frischen oder getrockneten Schnittlauch (Lauch, Zwiebel), Petersilie, Ysop, Estragon, Gurkenkraut (Borretsch)
2 Msp	Knoblauchpulver oder Knoblauchgranulat		
2 Msp	weißer Pfeffer	4 Msp	getrockneten Majoran und Thymian

Alle Zutaten gut mischen und im Kühlschrank fest werden lassen. Die Kräutermargarine eignet sich gut als Brotaufstrich oder als Zusatz auf gebratenem Fleisch. Weiterhin kann man die Kräuterbutter in ein in Fächer geschnittenes Brot (das Brot nicht ganz bis zum Boden durchschneiden) streichen. Das gefüllte Brot in Alufolie fest einwickeln und im Backofen auf der unteren Schiene bei 180 Grad 30 Minuten backen.

2.2 Mittagessen

2.2.1 Suppen und Soßen

Kartoffelsuppe (für 4 Personen)

(1 Portion ca. 750g: 293 kcal; 1227 kJ; 36g E; 3g F; 28g KH)

500 g	Kartoffeln	350 g	Lauch
200 g	Karotten	500 g	Hühnerbrust oder Putenbrust
200 g	Kohlrabi (oder Pastinaken oder Petersilienwurzeln)	1 Bd	Petersilie und Kerbel
			Weißer Pfeffer
$1^1/_2$ l	Hühnerbrühe, selbstgekocht (siehe Rezept Seite 49)		Jodsalz
		Einige Tr.	Maggi flüssig

Geschälte Kartoffeln waschen und in dünne Scheiben schneiden, Karotten und Kohlrabi ebenfalls. Alles in der Brühe langsam zum Kochen bringen und 10 Minuten zugedeckt bei mäßiger Hitze garen. Dann den geputzten, in dünne Ringe geschnittenen Lauch dazugeben, 5 Minuten mit garen. In kleine Stücke geschnittenes Fleisch 5 Minuten mit ziehen lassen. Die Kräuter fein hacken und unter die Brühe ziehen. Mit Salz, Pfeffer, Maggi abschmecken.

Kartoffelsuppe mit Entenbrust (für 2 Personen)

(1 Portion ca. 700g: 524 kcal; 2244 kJ; 41g E; 18g F; 46g KH)

150 g	Frühlingszwiebeln		Jodsalz
60 g	Zwiebeln		Pfeffer
500 g	Kartoffeln	1	Entenbrust
40 g	milcheiweißfreie Margarine	1 Bd	Schnittlauch
400 ml	Hühnerbrühe (siehe Rezept Seite 49)		

Frühlingszwiebeln putzen, Zwiebeln schälen, würfeln. Kartoffeln waschen, dünn schälen. Alles in kleine Stücke scheiden und in der Margarine andünsten. Mit Hühnerbrühe ablöschen, salzen, pfeffern, zugedeckt 15 Minuten leise köcheln lassen. Von der Entenbrust Haut und Fett abschneiden, würfeln und ausbraten. Fleisch in dünne Scheiben schneiden. Suppe im Mixer oder mit dem Schneidestab pürieren. Die ausgebratene Haut mit dem Fett und das Entenfleisch in die Suppe geben, heiß werden lassen und abschmecken. Mit Schnittlauchröllchen garniert servieren.

Hühnersuppe mit Frühlingszwiebeln (für 2 Personen)

(1 Portion ca. 825g: 252 kcal; 1051 kJ; 21g E; 14g F; 8g KH)

50 g	Karotten	1 EL	Sonnenblumenöl
50 g	Petersilienwurzeln	Je 1 Bd	Petersilie und Dill
500 g	Geflügelklein		Knoblauchgranulat
200 g	Geflügelmägen und -herzen gemischt		Jodsalz
		Evtl.	Weißer Pfeffer
2 Bd	Frühlingszwiebeln		Nach Geschmack Maggi flüssig

Das Gemüse putzen, grob würfeln. Hühnerklein gut unter fließendem Wasser waschen. Mägen und Herzen eventuell nachputzen. In 2 1/2 Liter Wasser das Geflügelklein mit dem Gemüse 1 1/2 Stunden im offenen Topf bei milder Hitze kochen lassen. Öfter abschäumen. Zwischenzeitlich die Zwiebeln putzen und in 2 cm lange Stücke schneiden. Das Öl in einem großen Topf erhitzen, die Zwiebeln im Öl andünsten, kurz durchrühren, 1 1/4 Liter Brühe durch ein Sieb dazugießen. In diese Brühe die geputzten und in kleine Würfel geschnittenen Mägen und Herzen geben. Sie sollten 8 bis 10 Minuten bei milder Hitze sieden, dann abschmecken. Die Kräuter grob hacken und auf die Teller verteilen. Die Suppe darübergießen und sofort servieren.

Als Einlagen können Suppenklößchen dazu gereicht werden (siehe folgendes Rezept).

Suppenklößchen aus verschiedenen Mehlsorten

(für 2 Personen)

(1 Portion ca. 125g: 317 kcal; 1325 kJ; 2g E; 20g F; 28g KH)

50 g	milcheiweißfreie Margarine
70 g	Maismehl, Weizen- Typ 405, Hafer-, Buchweizenmehl
3 g	Nestargel
	Jodsalz
	Hühnerbrühe (siehe Rezept Seite 49)

Margarine mit 1/8 l warmem Wasser zum Kochen bringen. Mehl und Nestargel auf einmal einrühren. So lange rühren, bis sich alle Zutaten als Kloß vom Topfboden lösen. Mit Jodsalz würzen. Die Klößchen mit 2 Teelöffeln abstechen und auf Backpapier setzen. Die Klößchen in die nicht mehr kochende Hühnerbrühe geben, sie zerfallen sonst.

Grießklöße als Suppeneinlage (für 2 Personen)

(1 Portion ca. 125g; 199 kcal; 829 kJ; 6g E; 6g F; 29g KH)

150 ml	Wasser	7 ML	Alfaré
	Jod- oder Meersalz	3 g	Nestargel
5 g	milcheiweißfreie Margarine		Suppe
60 g	Grieß (Mais, Buchweizen, Weizen)		(zum Beispiel Hühnerbrühe, Seite 49)

Das Wasser mit Salz und Margarine zum Kochen bringen, den Grieß einrieseln lassen, aufkochen und ausquellen lassen. Von der Herdplatte nehmen. Alfaré untermischen, ebenso das Nestargel. Mit 2 Teelöffeln Klößchen abstechen und in der nicht mehr kochenden Suppe ziehen lassen.

Soßen allgemein

Zur Herstellung von Soßen immer Kochbrühen oder Fleischfond verwenden, in der das Essen gegart wurde. Zum Ablöschen Alfaré-Lösung benutzen (3 ML Alfaré plus 100 ml Wasser), eventuell mit 2 g Nestargel oder etwas Mais-, Reis- oder Kartoffelstärke binden. Eine milcheiweißfreie Margarine in die nicht mehr kochende Soße gerührt, ergibt einen feinen Geschmack.

Variationsmöglichkeiten:
Obstessig, feingehackte Petersilie, Schnittlauch, Dill, geschälte und gewürfelte Salatgurke, Knoblauchgranulat, Zwiebelwürfel, ungeschwefelte Sultaninen, weißer Pfeffer, Maggi flüssig oder Hefebrühe natur.

Grundsoße 1, herzhaft oder süß (für 1 Person)

(1 Portion ca. 100g: 73 kcal; 306 kJ, 3g E; 4g F; 8g KH)

	Herzhaft:		***Süß:***
90 ml	Wasser	90 ml	Wasser
3 ML	Alfaré	3 ML	Alfaré
1 g	Nestargel	2 g	Nestargel
	Jod- oder Meersalz		Traubenzucker
	Weißer Pfeffer		Apfel- oder Birnendicksaft
	Knoblauchgranulat	Evtl.	Rote-Bete-Saft oder Spinatsaft
	Maggi flüssig		
Evtl.	etwas verdünnter Essigessenz		

Herzhaft: Wasser, Alfaré und Nestargel vermischen und erhitzen. Abschmecken mit Salz, Pfeffer, Knoblauchgranulat und Maggi flüssig. Nach Belieben noch etwas Essig hinzufügen.

Süß: Wasser, Alfaré und Nestargel vermischen und erhitzen. Mit Traubenzucker, Apfel- oder Birnendicksaft süßen. Nach Wunsch mit Rote-Bete-Saft oder Spinatsaft einfärben.

Grundsoße 2, herzhaft oder süß (für 2 Personen)

(1 Portion ca. 80g: 90 kcal; 378 kJ; 2g E; 6g F; 6g KH)

	Herzhaft:		***Süß:***
125 ml	Wasser	125 ml	Wasser
4 ML	Alfaré	4 ML	Alfaré
1 g	Nestargel	5 g	Nestargel
10 g	milcheiweißfreie Margarine	20 g	entölter Kakao oder Karob (nach Belieben)
	Jod- oder Meersalz	10 g	milcheiweißfreie Margarine
	Weißer Pfeffer		Trockenobst
	Maggi flüssig		Traubenzucker
Evtl.	etwas verdünnter Essigessenz		Apfel- oder Birnendicksaft

Herzhaft: Wasser, Alfaré und Nestargel vermischen und erhitzen, Margarine dazugeben, einmal aufkochen lassen. Würzen mit Salz, Pfeffer, 1 Prise Traubenzucker, Maggi flüssig und eventuell etwas Essig. Diese Soße paßt zu Gemüse oder Fleisch.

Als Verfeinerung können feingeschnittene Champignons oder Austernpilze dazugegeben werden. Sie müssen einmal mit aufkochen. Oder Petersilie, Kerbel, Schnittlauch, Dill, Lauch oder Gemüsezwiebel fein hacken und hinzufügen.

Süß: Wasser, Alfaré und Nestargel vermischen. Nach Belieben 20 g entölten Kakao oder Karob dazugeben und erwärmen, Margarine hinzufügen, einmal aufkochen lassen. Trockenobst, wie zum Beispiel ungeschwefelte Sultaninen, Aprikosen, Äpfel, Birnen, Backpflaumen unterrühren (Trockenobst einen Tag vorher einweichen). Die Soße mit Traubenzucker, Apfel- oder Birnendicksaft süßen. Sie paßt gut zu gegartem Reis, Quinoa, Tapiokasago oder Hefeklößen.

Grundrezept „Kräutersoße“ (für 2 Personen)

(im Rezept wurde Petersilie verwendet; man kann beliebige Kräuter nehmen)

(1 Portion ca. 90g: 84 kcal; 352 kJ; 2g E; 5g F; 7g KH)

1/2	Gemüsezwiebel		Jod- oder Meersalz
1 EL	Sonnenblumenöl		Weißer Pfeffer
4 ML	Alfaré		verdünnter Essigessenz
110 ml	Wasser	2 TL	Petersilie, gehackt oder andere Kräuter

Gemüsezwiebel würfeln und in heißem Öl glasig dünsten. Alfaré im Wasser auflösen und die Zwiebeln damit ablöschen. Mit Salz, weißem Pfeffer und Essig abschmecken, einmal aufkochen lassen. Vom Herd nehmen und die gewaschenen, feingehackten Kräuter unterziehen.

Zwiebelsoße (für 2 Personen)

(1 Portion ca. 120g: 103 kcal; 431 kJ; 2g E; 7g F; 8g KH)

100 g	Gemüsezwiebel	1 g	Nestargel
1 EL	Sonnenblumenöl		Petersilie, Dill
	Jodsalz	1 PR	getrockneter Majoran
	Weißer Pfeffer	1 PR	Traubenzucker
3 ML	Alfaré		
120 ml	Wasser		

Die Zwiebel in Ringe schneiden und in Öl goldbraun braten, salzen, pfeffern. Alfaré im Wasser lösen und damit ablöschen. Den Zwiebelfond gut vom Pfannenboden lösen, mit Nestargel binden. Die gehackten Kräuter, Majoran und Traubenzucker unter die fertige Soße mischen.

Variation: Statt der Zwiebelringe 100 g frische Champignons oder Austernpilze braten und ebenso verfahren wie mit den Zwiebeln.

Süße Alfaré-Soße (für 2 Personen)

(1 Portion ca. 160g: 287 kcal; 1196 kJ; 3,7g E; 4,9g F; 59g KH)

200 ml	Wasser	1	unbeschädigte Vanilleschote
6 ML	Alfaré	4 g	Nestargel
80 g	Traubenzucker		

Traubenzucker und Vanilleschote 2 Stunden lang in einem geschlossenen Behälter aufbewahren. Dabei nimmt der Traubenzucker das Vanillearoma an (Vanilleschote nicht mitverwerten).
Alfaré und Traubenzucker in Wasser auflösen, danach Nestargel einrühren. Die Masse 15 Minuten ausquellen lassen.

Kerbel-Hollandaise (für 2 Personen)

(1 Portion ca. 90g: 300 kcal; 1254 kJ; 2g E; 30g F; 4g KH)

70 g	milcheiweißfreie Margarine	1/2 TL	verdünnter Essigessenz
3 ML	Alfaré	2 g	Nestargel
90 ml	Wasser	1 Bd	Kerbel

Margarine bei milder Hitze schmelzen lassen. Alfaré im Wasser auflösen. Essig und Nestargel verrühren, die geschmolzene Margarine tropfenweise dazugeben und alles zu einer Creme verrühren. Den feingehackten Kerbel dazugeben.

Zucchini-Ketchup

(1 Portion ca. 50g: 27 kcal; 113 kJ; 1g E; 2g F; 2g KH)

500 g	Zucchini	4 g	Nestargel
1/2	Gemüsezwiebel		Knoblauchgranulat
3 ML	Alfaré		Jod- oder Meersalz
90 ml	Wasser		Weißer Pfeffer
3 TL	verdünnter Essigessenz		Traubenzucker
4 TL	Sonnenblumenöl		Rote-Bete-Saft

Zucchini putzen und in Scheiben schneiden, Zwiebel in Ringe schneiden. Mit 3 Eßlöffeln Wasser weich dünsten. Überschüssiges Wasser vorsichtig abtropfen lassen, im Mixer pürieren. Alfaré in 90 ml Wasser auflösen und mit dem Essig und dem Öl zum Gemüse geben. Mit Nestargel binden. Knoblauch hinzufügen. Mit Salz, Pfeffer und Traubenzucker abschmecken und mit Rote-Bete-Saft einfärben.

Rote-Bete-Ketchup

(1 Portion ca. 50g: 46 kcal; 191 kJ; 1g E; 3g F; 5g KH)

2 Knollen	Rote Bete	2 EL	Sonnenblumenöl
	Jodsalz	2 ML	Alfaré
	Weißer Pfeffer		Knoblauchgranulat
		1–2 EL	verdünnter Essigessenz
		1 Bd	Petersilie
		1-2 g	Nestargel

Rote Bete waschen, 40 Minuten in Salzwasser kochen, abschrecken, schälen, klein schneiden, im Mixer pürieren. Jodsalz, weißen Pfeffer, Sonnenblumenöl, Alfaré zufügen und mit Knoblauchgranulat und Essig würzen. Alles im Mixer sehr gut vermischen. Petersilie klein hacken, der Mixtur hinzufügen. Sollte das Ketchup sehr dünnflüssig sein, mit Nestargel binden und nochmals abschmek ken.

2.2.2 Hauptgerichte

Buletten (für 1 Person)

(1 Portion ca. 150g: 385 kcal; 1611 kJ; 29g E; 27g F)

125 g	Hackfleisch (Rind-, Lamm-, Geflügel und Kaninchenfleisch)	2–3 EL	Sonnenblumenöl
			Jodsalz
			Weißer Pfeffer

Hackfleisch mit 1 Eßlöffel Sonnenblumenöl, Jodsalz, weißem Pfeffer vermischen und durchkneten. 2 Eßlöffel Wasser hinzufügen. Zwei Buletten formen. Restliches Öl erhitzen und die Buletten darin 8 bis 10 Minuten braten, nach 4 bis 5 Minuten umwenden.

Variationen: Die Buletten kann man ohne Beilage essen. Sehr gut schmecken sie aber auch mit einem Belag. Siehe dazu die folgenden Rezepte 1 bis 6 auf Seite 56.

Belag für zwei Buletten (Frikadellen), Hacksteaks oder Steaks

1. Eine halbe kleine Fenchelknolle in sehr dünne Scheiben schneiden, roh verwenden oder mit 2 bis 3 Eßlöffeln Wasser weich dünsten. Marinade aus 1 Eßlöffel Essig, 2 bis 3 Eßlöffeln Wasser, 1 bis 2 Teelöffeln Sonnenblumenöl, etwas Jodsalz, Pfeffer und Knoblauchgranulat herstellen. Fenchelscheiben marinieren und durchziehen lassen. Buletten mit Fenchelsalat belegen und mit fein gehacktem Dill bestreuen.

2. Einen Apfel oder eine Birne (à ca. 100 Gramm) schälen, Kernhaus entfernen und in feine Scheiben schneiden. Roh marinieren oder vor dem Marinieren mit 2 bis 3 Eßlöffeln Wasser vorsichtig bei mäßiger Hitze bißfest dünsten. Marinade wie oben herstellen und die Obstscheiben darin marinieren und durchziehen lassen. 50 Gramm Champignons oder Austernpilze putzen, waschen und gut abtropfen lassen. In 1 Teelöffel Sonnenblumenöl anbraten, zugedeckt im eigenen Saft weich dünsten und mit Jodsalz und etwas Pfeffer abschmecken. Buletten mit mariniertem Obst belegen, Pilze darauf verteilen und mit feingehackten Kräutern (Dill, Petersilie oder Schnittlauchröllchen) bestreuen. Statt Obst- können Zucchinischeiben verwendet werden. Die Zubereitung erfolgt gleich.

3. In 2 Teelöffeln Sonnenblumenöl 50 Gramm Zwiebelringe andünsten, 100 Gramm frische oder tiefgefrorene Erbsen zugeben und mit 2 bis 3 Eßlöffeln Wasser zugedeckt bei mäßiger Hitze weich dünsten. Gemüse mit Jodsalz, Pfeffer und Knoblauchgranulat abschmecken und auf die Buletten geben.

4. 100 Gramm Blattspinat verlesen, entstielen, gründlich waschen und gut abtropfen lassen. Zwei Frühlingszwiebeln in Ringe schneiden und mit etwas Knoblauchgranulat in 2 Teelöffeln Sonnenblumenöl andünsten. Spinat zugeben, kurz durchdünsten, bei Bedarf 2 bis 3 Eßlöffel Wasser zufügen, salzen und pfeffern und zugedeckt bei mäßiger Hitze etwa 5 Minuten dünsten. Spinat auf den Buletten anrichten.

5. Eine kleine Rote Bete gründlich waschen und weich dämpfen. Garzeit ca. 1/2 bis 3/4 Stunde, im Dampfdrucktopf 10 Minuten. Kalt überbrausen, schälen und mit dem Buntmesser in feine Scheiben schneiden. Marinade aus 1 Eßlöffel Essig, 4 Eßlöffeln Wasser, 1 bis 2 Teelöffeln Sonnenblumenöl herstellen. Mit 15 Gramm gewaschenen Sultaninen und zwei in feine Ringe geschnittenen Frühlingszwiebeln aufkochen. Marinade mit Jodsalz und Pfeffer abschmecken und heiß über die Rote Bete gießen. Einige Stunden durchziehen lassen. Zwei Kopfsalatblätter waschen und gut abtropfen lassen. Buletten damit belegen, darauf Rote-Bete-Salat verteilen und feingehackte Petersilie oder Schnittlauchröllchen darüberstreuen.

6. Eine kleine Aubergine schälen, in etwa 1/2 Zentimeter dicke Scheiben schneiden, leicht salzen, mit wenig weißem Pfeffer bestreuen und durchziehen lassen. Zwei feingeschnittene Frühlingszwiebeln in 1 Eßlöffel Sonnenblumenöl lichtgelb rösten. Vorbereitete Auberginen und je 1/2 Teelöffel getrockneten Thymian, Majoran und Oregano zugeben, andünsten und zugedeckt bei mäßiger Hitze im eigenen Saft vorsichtig weich dünsten. Garzeit ca. 10 bis 15 Minuten. Einige Kopfsalatblätter waschen und gut abtropfen lassen. Buletten mit dem Salat belegen, darauf Auberginengemüse verteilen und mit gehackter Petersilie oder Dill bestreuen.

Lammschüssel (für 2 Personen)

(1 Portion ca. 250g: 429 kcal; 2033 kJ; 21g E; 25g F; 37g KH)

200 g	Lammfleisch	30 g	ungeschwefelte Sultaninen
1 EL	Sonnenblumenöl	1	Frühlingszwiebel (oder ½ Gemüsezwiebel)
3 ML	Alfaré	½	roher Apfel
90 ml	Wasser		Jodsalz
30 g	ungeschwefelte, geschnittene Aprikosen		Weißer Pfeffer
30 g	ungeschwefelte, geschnittene Birnen		Knoblauchgranulat

Fleisch würfeln und im Öl anbraten. Alfaré mit Wasser mischen und zum Ablöschen des Fonds dazugeben. 10 Minuten schmoren lassen. Kleingeschnittenes Dörrobst, Sultaninen, feingehackte Zwiebel und geschälten, in Scheiben geschnittenen Apfel dazugeben. Alles 5 Minuten durchziehen lassen. Mit Jodsalz, weißem Pfeffer und Knoblauchgranulat abschmecken.

Dazu parboiled Reis oder gebratene Polentascheiben (Rezept siehe Seite 69, Polenta).

Bohnenauflauf mit Lammhack (für 2 Personen)

(1 Portion ca. 480g: 501 kcal; 2098 kJ; 34g E; 25g F; 33g KH)

50 g	Gemüsezwiebeln		Jodsalz
2 EL	Sonnenblumenöl		Weißer Pfeffer
3 ML	Alfaré	1 Pr	getrockneter Majoran
90 ml	Wasser	1 EL	feingehackte Petersilie
1 g	Nestargel	je 250 g	grüne Bohnen und Kartoffeln (oder Auberginen oder Zucchini)
250 g	Lammhack (fettfreies Lammfleisch durch den Wolf drehen)	20 g	milcheiweißfreie Margarine für die Auflaufform
	Knoblauchgranulat	1 Bd	Schnittlauch

Die Zwiebeln fein hacken, in Öl anbraten. Alfaré mit dem Wasser vermischen, Nestargel hinzufügen. Mit Lammhack (Lammfett beiseite stellen), Zwiebeln, Knoblauch, Salz, Pfeffer, Majoran und Petersilie zu einem Fleischteig verkneten. Die Bohnen waschen, putzen. Kartoffeln dünn schälen, waschen und in dünne Scheiben schneiden. Eine feuerfeste Form mit der Margarine ausfetten. Die Hälfte der Kartoffelscheiben hineingeben, eine Hälfte Hackfleisch, eine Hälfte Bohnen, das ganze wiederholen. Das sehr fein gewürfelte Lammfett auf dem Auflauf verteilen. Mit Deckel oder Alufolie zudecken. Bei 225 Grad im vorgeheizten Ofen auf mittlerer Schiene 30 bis 40 Minuten garen lassen. Zum Servieren mit Schnittlauchröllchen bestreuen.

Lamm- (oder Kaninchen-)ragout in Folie

(für 2 Personen)

(1 Portion ca. 210g: 294 kcal; 1229 kJ; 40g E; 13g F; 3g KH)

250 g	Lammschulter oder -keule (oder Kaninchenrücken oder -keule)		Weißer Pfeffer
150 g	Lammleber (oder Kaninchenleber)	2 EL	verdünnter Essigessenz
2	Lorbeerblätter	1 EL	Sonnenblumenöl
1 Pr	getrockneter Thymian		Jod- oder Meersalz

Fleisch von den Knochen lösen, das Fett entfernen. Das Fleisch in kleine Würfel schneiden. Die Leber waschen, trockentupfen und in kleine Würfel schneiden. Fleisch- und Leberwürfel in eine Schale geben, mit Lorbeer, Thymian, Pfeffer, Essig und Öl vermischen. Etwa 1 Stunde marinieren, dann erst salzen. 2 bis 3 Streifen Alufolie von 20 bis 25 Zentimeter Länge abreißen und den Rand hochfalten. Das Ragout darauf verteilen. Die Päckchen gut verschließen. Bei 200 Grad im vorgeheizten Ofen 1 1/4 Stunden garen. Das Ragout kann auch auf dem Holzkohlengrill garen. Die Garzeit verringert sich dann auf 45 Minuten.

Dazu passen besonders gut: grüner Salat, die verträglichen Nudelsorten, Reis, Quinoa oder Tapiokassago.

Rindfleisch-Eintopf (für 4 Personen)

(1 Portion ca. 640g: 547 kcal; 2284 kJ; 33g E; 30g F; 29g KH)

1 kg	Hochrippe vom Rind	150 g	Karotten
2 EL	Sonnenblumenöl	100 g	Nudeln (Hartweizen, Roggen, Mais, Soja)
500 g	Gemüsezwiebeln	1 Bd	Petersilie
	Jodsalz		Getrockneter Thymian
3	Lorbeerblätter		
8	weiße Pfefferkörner		

Hochrippe im Öl anbraten und mit 1 1/2 Liter Wasser auffüllen. Zum Kochen bringen. Abschäumen und die Hitze mildern. 1 Zwiebel mit der Schale halbieren. Die Zwiebelhälften mit der Schnittfläche auf der heißen Herdplatte hellbraun anrösten, zum Fleisch geben, Zwiebelfleisch salzen. Lorbeerblätter und Pfefferkörner dazugeben. Ohne Deckel 2 Stunden garen, abschäumen, Fett abschöpfen. Nach 1 Stunde die Zwiebelhälften herausnehmen. Inzwischen die restlichen Zwiebeln schälen und grob zerkleinern. In die Brühe geben. Karotten putzen, in Stücke schneiden, 30 Minuten vor dem Ende der Garzeit dazugeben. Die Nudeln nach Vorschrift in Salzwasser bißfest kochen, Wasser abgießen. Gewürze mit der Schaumkelle aus der Brühe schöpfen. Fleisch aus der Brühe nehmen, vom Knochen lösen. Das Fleisch würfeln, mit den Nudeln in die Brühe zurückgeben und 5 Minuten ziehen lassen. Abschmecken, eventuell nachwürzen. Gehackte Petersilie und getrockneten Thymian darüberstreuen.

Kohlrouladen (für 2 Personen)

(1 Portion ca. 230g: 243 kcal; 1019 kJ; 9g E; 17g F; 13g KH)

4	große Kohlblätter (Weiß-, Rot-, Chinakohl oder Wirsing)	1 Pr	Knoblauchgranulat
	Jodsalz	1 EL	Sonnenblumenöl
50 g	Rinderhack (oder Hack von Huhn, Lamm, Kaninchen)	2 ML	Alfaré
20 g	parboiled Reis (gekocht)	50 ml	Wasser
	Weißer Pfeffer	Evtl.	Nestargel zum Andicken
		1 Pr	Traubenzucker
		1/2 TL	verdünnter Essigessenz

Kohlkopf vom Strunk befreien, Blätter vorsichtig ablösen. Dicke Rippen flachschneiden, waschen, in gesalzenem Wasser 3 Minuten blanchieren, danach kalt abspülen. 1/4 Liter Kochwasser aufheben. Hackfleisch mit dem gekochten Reis vermischen, nach Geschmack würzen und in die Kohlblätter einwickeln. Die Rouladen in Öl anbraten und mit der Kohlbrühe ablöschen. Bei geschlossenem Deckel etwa 30 Minuten kochen lassen. Alfaré mit Wasser und eventuell 1 bis 2 Gramm Nestargel gut verrühren und die Soße damit binden, nochmals abschmecken, eventuell 1 Prise Traubenzucker zum Verfeinern hinzugeben. Zum Abschmecken eventuell etwas Essig.

Variation: Wenn die Kohlrouladen mit Rotkohlblättern zubereitet werden, schmeckt die Soße besonders gut, wenn noch ca. 10 Gramm ungeschwefelte Sultaninen mit gegart werden.

Bunte Schaschlikspieße (für 2 Personen)

(1 Portion ca. 280g: 246 kcal; 1028 kJ; 13g E; 15g F; 11g KH)

100 g	Fleisch (Lamm, Rind, Kaninchen, Geflügel)	50 g	Karotten
			Sonnenblumenöl zum Bepinseln
1/2	große Zwiebel oder		Jodsalz
1	mittelgroße Zwiebel		Weißer Pfeffer
50 g	frische Champignons (oder Austernpilze)		Knoblauchgranulat
			Getrockneter Majoran
50 g	Zucchini	3 ML	Alfaré
50 g	Rote Bete	90 ml	Wasser
50 g	Auberginen	Evtl.	Nestargel zum Andicken
50 g	Pastinaken		Gehackte Petersilie

Dünne hohe Fleischscheiben, geschälte und in Viertel geteilte Zwiebel, in Scheiben geschnittene Pilze und Gemüse 3 Minuten blanchieren, abtropfen lassen. Alle Zutaten im Wechsel auf die Schaschlikspieße dekorieren. Mit dem Öl von allen Seiten bestreichen, mit den Gewürzen verfeinern. Die Spieße auf ein gefettetes Backblech legen. Den Ofen vorheizen, auf mittlerer Schiene bei 180 Grad 20 Minuten garen. Nach 10 Minuten die Spieße umdrehen. Alfaré mit dem Wasser vermischen und zum Ablöschen des Bratrückstandes darübergießen, Soße eventuell mit 1 bis 2 Gramm Nestargel andicken. Mit Petersilie bestreut servieren.

Gemüseschmortopf (für 2 Personen)

(1 Portion ca. 550g: 451 kcal; 1886 kJ; 36g E; 20g F; 26g KH)

2 EL	Sonnenblumenöl	1	Gemüsezwiebel
300 g	Fleisch (Rind, Lamm, Geflügel oder Kaninchen)	200 g	Kohl (Chinakohl, Wirsing-, Spitz- oder Weißkohl)
200 ml	Fleischbrühe (Fertigprodukt)		Jodsalz
200 g	Kartoffeln, geschält		Weißer Pfeffer
200 g	Karotten, geputzt		Knoblauchgranulat

1 EL Öl in einer Pfanne erhitzen. Fleisch darin schnell braun braten, 100 Milliliter Brühe zum Ablöschen des Fonds verwenden, Schmortopf mit dem restlichen Öl ausstreichen, dann lagenweise gewürfelte Kartoffeln, Fleisch, gewürfelte Karotten, Zwiebeln, feingeschnittenen Kohl einschichten. Jede Lage mit Salz, Pfeffer, Knoblauchgranulat würzen. Die restliche Brühe darübergießen. 1½ bis 2 Stunden bei 175 Grad im geschlossenen Topf garen lassen.

Gemüseauflauf (für 4 Personen)

(1 Portion ca. 330g: 334 kcal; 1398 kJ; 16g E; 24g F; 10g KH)

250 g	Zucchini	3 ML	Alfaré
1	Stange Lauch	90 ml	Wasser
200 g	Karotten		Knoblauchgranulat
150 g	Champignons (oder Austernpilze)		Jodsalz
100 g	Gemüsezwiebeln		Weißer Pfeffer
1 Bd	Petersilie	40 g	Margarine (milcheiweißfrei)
3 EL	Sonnenblumenöl	1 Pr	getrockneter Majoran
200 g	Hackfleisch (Rind, Geflügel, Lamm oder Kaninchen)		

Gemüse und Pilze putzen, waschen, in dünne Scheiben schneiden. Die Zwiebeln klein schneiden, Petersilie fein hacken. Öl in einer großen Pfanne erhitzen, das Hackfleisch und das Gemüse kräftig anbraten. Alfaré mit dem Wasser mischen und mit den Gewürzen abschmecken, Petersilie untermischen. Eine Auflaufform mit der Margarine ausfetten. Gemüse und Fleisch hineingeben, die Alfaré-Lösung darübergießen. Bei 200 Grad auf der mittleren Schiene 30 Minuten backen.

Rote Bete mit Quinoa (für 2 Personen)

(1 Portion ca. 420g: 287 kcal; 1197 kJ; 10g E; 10g F; 37g KH)

2	kleine Rote-Bete-Knollen	1 Bd	Frühlingszwiebeln
100 g	Champignons (oder Austernpilze)	100 g	Salatgurke
1	kleine Gemüsezwiebel		verdünnter Essigessenz
1 EL	Sonnenblumenöl		zum Abschmecken
50 g	Quinoa	2 EL	gehackter Dill
6 ML	Alfaré		
180 ml	Wasser		
	Jodsalz		
	Weißer Pfeffer		

Rote-Bete-Knollen unter fließendem Wasser abbürsten und in Alufolie wickeln. Im Backofen bei 200 Grad auf der mittleren Schiene 1 Stunde backen. Während der Backzeit Pilze putzen, waschen, in dünne Scheiben schneiden. Zwiebel schälen, fein würfeln. Beides in Öl andünsten. Quinoakörner unterrühren. Alfaré mit dem Wasser verrühren und dazugießen, eventuell Wasser nachgießen, 15 Minuten bei milder Hitze unter mehrmaligem Umrühren ausquellen lassen, salzen und pfeffern. Frühlingszwiebeln waschen, putzen, in dünne Scheiben schneiden, Gurke entkernen, würfeln, und unter das Quinoa mischen, mit dem Essig abschmecken und kurz durchziehen lassen. Rote Bete aus der Folie nehmen, schälen, vierteln, salzen und pfeffern. Quinoa auf Tellern verteilen und die Rote Bete daraufsetzen, mit dem Dill garnieren.

Nudelauflauf mit Schinken (für 2 Personen)

(1 Portion ca. 350g: 606 kcal; 2537 kJ; 56g E; 23g F; 37g KH)

200 g	Nudeln (Weizen Typ 405, Roggen, Mais oder Soja)		Jod- oder Meersalz
			Weißer Pfeffer
250 g	Schinken (Lamm, geräucherte Putenbrust, Rinderschinken oder Bündner Fleisch)		Knoblauchgranulat
			Maggi flüssig nach Geschmack
		20 g	milcheiweißfreie Margarine
4 ML	Alfaré	1 Bd	Schnittlauch
140 ml	Wasser		
10 g	Nestargel		

Die Nudeln nach Packungsanweisung in 2 Liter Salzwasser bißfest kochen, Nudeln abgießen, abtropfen lassen. Vom Schinken die Fettstreifen abschneiden und beiseite legen. Den Schinken in feine Würfel oder Streifen schneiden. Alfaré mit dem Wasser und Nestargel mischen und mit den Gewürzen und nach Belieben mit Maggi flüssig kräftig abschmecken. Daran denken, daß der Schinken gesalzen ist, also sparsam mit Salz umgehen! Eine Auflaufform mit der Margarine fetten. Nudeln und Schinken schichtweise in die Auflaufform füllen, gewürzte Alfaré-Lösung über den Auflauf gießen. Die aufbewahrten Fettstreifen auf den Auflauf legen. Falls kein Fett vorhanden sein sollte, milcheiweißfreie Margarineflöckchen auf der Oberfläche verteilen. Die Backzeit beträgt ca. 40 Minuten auf der mittleren Schiene bei 250 Grad. Schnittlauchröllchen zum Garnieren darüberstreuen.

Variation: Statt des Schinkens könnten auch gedünstete Champignons, Austernpilze oder Auberginen verwendet werden. Dann zum Schluß Margarineflöckchen aufsetzen.

Nudeln mit grünen Bohnen (für 2 Personen)

(1 Portion ca. 400g: 597 kcal; 2502 kJ; 38g E; 30g F; 37g KH)

400 g	grüne Bohnen	200 g	Nudeln (aus verträglichen Mehlen wie z. B. italienische Hartweizennudeln, Mais-, Roggen-, Soja- oder Reisnudeln)
150 g	Lammschinken (ersatzweise Bündner Fleisch vom Rind, Rindersaftschinken oder geräucherte Putenbrust)	30 g	milcheiweißfreie Margarine
3 EL	Sonnenblumenöl	1	Stengel Bohnenkraut
			Petersilie
		1/2 Bd	Jod- oder Meersalz
			Weißer Pfeffer
			Knoblauchgranulat

Grüne Bohnen waschen, putzen. Schinken in schmale Streifen schneiden und in 1 Eßlöffel Öl anbraten. Die Bohnen in einem geschlossenen Topf mit 5 Eßlöffeln Wasser 15 bis 20 Minuten kernig dünsten. Die Nudeln mit 1 Eßlöffel Öl nach Packungsanweisung in Salzwasser bißfest kochen. Nudeln abgießen, abtropfen lassen. Margarine in einer Pfanne erwärmen, Bohnen darin schwenken. Den gebratenen Schinken mit dem restlichen Öl und den Nudeln in eine Schüssel geben. Die Bohnen, gehacktes Bohnenkraut und gehackte Petersilie dazugeben und vermischen. Mit Salz, Pfeffer und Knoblauchgranulat kräftig abschmecken.

Kartoffelpudding (für 4 Personen)

(1 Portion ca. 290g: 431 kcal; 1807 kJ; 12g E; 27g F; 33g KH)

125 g	milcheiweißfreie Margarine	90 ml	Wasser
30 g	Semmelbrösel (dafür Mais-, Weizen-, Buchweizen-, Hirse-, Roggenbrötchen im Mixer zerkleinern)	2 Bd	Schnittlauch (ersatzweise 200g jeweils Lauch, Spinat, Zucchini oder Kohl)
			Jod- oder Meersalz
600 g	Kartoffeln		Weißer Pfeffer, Knoblauchgranulat
10 g	Nestargel	100 g	geräucherte Putenbrust
3 ML	Alfaré	20 g	Grieß (Mais, Weizen)

Puddingform und Deckel gut mit ca. 30 Gramm Margarine einfetten und mit Semmelbrösel bestreuen. Gewaschene Kartoffeln dämpfen. Nestargel mit Alfaré und dem Wasser vermischen. Kartoffeln pellen und pürieren. Mit der Alfaré-Mischung, der restlichen Margarine und dem kleingeschnittenen Schnittlauch verrühren. Mit Salz, Pfeffer und Knoblauchgranulat würzen. Den Backofen auf 200 Grad vorheizen. Inzwischen die Putenbrust klein würfeln und unter den Kartoffelteig rühren. Grieß einrieseln lassen. Den Teig in die Puddingform füllen. Form verschließen und in einen Topf stellen, der zu 2/3 mit heißem Wasser gefüllt ist. Auf der unteren Schiene den Pudding 1 1/4 Stunden garen. Aus dem Ofen nehmen und noch 5 Minuten ruhenlassen. Dann den Deckel abnehmen und mit einem langen schmalen Messer den Pudding aus der Form lösen. Pudding auf eine Platte stürzen. Läßt er sich nicht lösen, kurz ein nasses kaltes Tuch auf die umgedrehte Form legen, der Pudding löst sich dann aus der Form.

Gemüse-Chips (für 2 Personen)

(1 Portion ca. 80g: 48 kcal; 200 kJ; 1g E; 3g F; 3g KH)

200 g	Aubergine, Bataten oder Kartoffeln (geschält)
	Sonnenblumenöl oder milcheiweißfreie Margarine

Das Gemüse in sehr dünne Scheiben (z.B. mit der Brotmaschine) schneiden. Eine stark erhitzbare, nicht kunststoffbeschichtete Pfanne mit dem Öl auspinseln und heiß werden lassen. Die Gemüsescheiben hineinlegen, unter mehrmaligem Wenden braun und trocken werden lassen, danach salzen. Auf Haushaltspapier ausbreiten und auskühlen lassen. Die Gemüse-Chips lassen sich auch sehr gut in der heißen Pfanne ohne Fett zubereiten. Unbedingt beachten: die Chips erst übereinanderlegen, wenn sie gut ausgekühlt sind, ansonsten werden sie pappig.
Die Chips kann man auch einfrieren und im Ofen wieder aufbacken.

Pellkartoffeln mit Tofu (für 1 Person)

(1 Portion ca. 300g: 291 kcal; 1219 kJ; 11g E; 12g F; 34g KH)

200 g	Kartoffeln	1 EL	milcheiweißfreie Margarine
100 g	Tofu		Jod- oder Meersalz
1 TL	Schnittlauchröllchen (oder Gemüsezwiebelwürfel)		

Gewaschene Kartoffeln ca. 20 Minuten dämpfen, abschrecken und pellen. Mit Tofu, Schnittlauchröllchen (oder Gemüsezwiebelwürfeln), geschmolzener Margarine und Salz servieren.

Kartoffelgratin mit Putenbrust und Zwiebeln

(für 2 Personen)

(1 Portion ca. 340g: 318 kcal; 1335 kJ; 24g E; 8g F; 37g KH)

400 g	Kartoffeln		Knoblauchgranulat
3 ML	Alfaré	1	kleine Gemüsezwiebel
50 ml	Wasser	1 EL	Sonnenblumenöl
	Jodsalz	150 g	Putenbrust in Scheiben
	Weißer Pfeffer		

Kartoffeln waschen, schälen und in dünne Scheiben schneiden. Alfaré mit Wasser mischen. Mit Salz, Pfeffer und Knoblauchgranulat kräftig würzen. Die geschälte Zwiebel fein hacken und in Öl glasig anbraten. Putenbrust in Streifen schneiden. Alle Zutaten miteinander vermischen. In eine gefettete flache Auflaufform füllen und auf oberster Schiene bei 200 Grad 10 Minuten backen.

Buchweizenklöße (für 2 Personen)

(1 Portion ca. 400g: 473 kcal; 1976 kJ; 14g E; 24g F; 48g KH)

50 g	Zwiebeln		Jodsalz
100 g	Buchweizengrütze		Weißer Pfeffer
50 g	milcheiweißfreie Margarine	1 Bd	Petersilie
350 ml	Fleischbrühe	5 g	Nestargel
500 g	Champignons (oder Austernpilze)	3 ML	Alfaré
2	Frühlingszwiebeln	90 ml	Wasser

Zwiebeln schälen und fein würfeln. Buchweizengrütze in einer beschichteten Pfanne ohne Fett leicht anrösten, dabei ständig umrühren. Die Hälfte der Margarine zugeben, schmelzen und aufschäumen lassen. Hitze verringern und umrühren. Zwiebelwürfel dazugeben und 3 Minuten dünsten. Nach und nach die Brühe angießen. Die Grütze bei milder Hitze in geschlossener Pfanne 15 Minuten ausquellen lassen, vom Herd nehmen, auskühlen lassen. Die Pilze putzen und in dicke Scheiben schneiden. Frühlingszwiebeln putzen, waschen, schräg in 1 Zentimeter breite Ringe schneiden, die Pilze in der restlichen Margarine scharf anbraten, Flüssigkeit verdampfen lassen, salzen, pfeffern. In eine flache, feuerfeste Form füllen. Petersilie fein hacken. Nestargel und Alfaré mit dem Wasser mischen. Zusammen mit der gehackten Petersilie unter die Grütze rühren. Noch mal mit Salz und Pfeffer abschmecken. Klöße mit nassen Händen formen und auf die Pilze setzen. Auf mittlerer Schiene bei 175 bis 200 Grad 20 Minuten überbacken.

Buchweizen-Pizza (für 2 Personen)

(1 Portion ca. 550g: 647 kcal; 2705 kJ; 16g E; 30g F; 74g KH)

150 g	Gemüsezwiebeln		Weißer Pfeffer
150 g	Karotten	20 g	Nestargel
1 Pr	getrockneter Thymian	3 ML	Alfaré
2 EL	Sonnenblumenöl	90 ml	Wasser
150 g	Buchweizenschrot	2 EL	Buchweizengrütze
150 ml	Gemüsebrühe	300 g	Champignons
1 Pr	Knoblauchgranulat	40 g	milcheiweißfreie Margarine
	Jodsalz	1 Bd	Schnittlauch

Die Zwiebeln schälen und würfeln. Karotten putzen und in dünne Scheiben schneiden. Mit Thymian 5 Minuten in Öl andünsten. Buchweizenschrot unterrühren und anrösten. Gemüsebrühe dazugeben und mit Knoblauchgranulat, Salz und Pfeffer abschmecken. Nestargel einrühren und 10 Minuten quellen lassen. Alfaré mit Wasser mischen und unterrühren. Die Fettpfanne mit Öl ausstreichen und mit 1 Eßlöffel Buchweizengrütze ausstreuen. Die Masse einfüllen und glattstreichen. Im vorgeheizten Backofen 10 Minuten bei 200 Grad backen. Indessen die Pilze putzen und waschen. Margarine in einer Pfanne zum Schmelzen bringen. Pilze und restliche Buchweizengrütze darin braten, dabei kräftig salzen, pfeffern. Die Pilze-Grützemischung auf den vorgebackenen Pizzateig geben und 20 Minuten backen. Nach dem Backen Schnittlauchröllchen über die Pizza streuen.

Tofu-Pfannkuchen (für 2 Personen)

(1 Portion ca. 250g: 488 kcal; 2054 kJ; 8g E; 14g F; 80g KH)

100 g	Tofu	3 g	Nestargel
1	Stange Lauch (unterer weißer Teil)		Jodsalz
1	Karotte		Weißer Pfeffer
75 g	verträgliches Mehl		Knoblauchgranulat
100 g	Buchweizenmehl		Getrockneter Majoran
2 ML	Alfaré		Petersilie
75 ml	Wasser	2 EL	Planzenöl

Tofu würfeln, Lauch in feine Ringe schneiden, Karotte grob raspeln und vermischen. Weizenmehl mit Buchweizenmehl mischen und in eine Schüssel geben. Alfaré mit dem Wasser und Nestargel verrühren. Die Gewürze dazugeben und gut mischen. Das Gemüse und die Tofuwürfel im Öl leicht anbraten, dann den Pfannkuchenteig darübergeben. Die Pfannkuchen von beiden Seiten goldgelb backen.

Dazu paßt grüner Salat.

Polenta (Maisgrieß) mit Tofu und Spinat

(für 2 Personen)

(1 Portion ca. 400g: 357 kcal; 1492 kJ; 12g E; 11g F; 56g KH)

1/2 l	Fleisch- oder Gemüsebrühe (Fertigprodukt)	100 g	Blattspinat (frisch oder gefroren)
	Jodsalz	100 g	Tofu
125 g	Maisgrieß	20 g	Gemüse- oder Frühlingszwiebel
3 ML	Alfaré	1 EL	Sonnenblumenöl
90 ml	Wasser		Weißer Pfeffer
		Ca. 3 TL	verdünnter Essigessenz

Brühe zum Kochen bringen, salzen und den Maisgrieß einrieseln lassen, noch einmal aufkochen. Alfaré mit Wasser mischen und zur Polenta geben. Ca. 5 Minuten ausquellen lassen, dann auf einem mit Backpapier belegten Blech ca. 1 Zentimenter hoch ausstreichen. Frischen Blattspinat gut waschen und in kochendem Salzwasser ca. 1 Minute blanchieren (gefrorenen Spinat aufkochen lassen), abgießen, grob hacken. Mit gewürfeltem Tofu und in feine Würfel geschnittenen Zwiebeln im heißen Öl 5 Minuten dünsten, salzen, pfeffern. Die entstehende Feuchtigkeit gut verdampfen lassen, mit dem Essig nach Geschmack abrunden. Die Mischung auf dem Grieß verteilen, bei 180 Grad auf der oberen Schiene 10 Minuten im Ofen backen.

2.2.3 Beilagen

Kartoffelklöße aus gekochten Kartoffeln

(für 4 Personen)

(1 Portion ca. 350g: 408 kcal; 1713 kJ; 6g E; 2g F; 93g KH)

1 kg	Kartoffeln	250 g	Kartoffelmehl
	Jod- oder Meersalz	4 ML	Alfaré
		140 ml	Wasser

Die Kartoffeln waschen und in der Schale dämpfen. Abschrecken und sofort pellen und durch die Kartoffelpresse drücken oder mit einem Pürierstab zerkleinern. 800 Gramm der durchgepreßten Kartoffeln abwiegen und mit Salz abschmecken. Das Kartoffelmehl darunterkneten. Alfaré mit dem Wasser mischen und erhitzen. Unter den Kartoffelteig mischen. Die Masse ist zunächst ziemlich weich, deshalb kurz aufquellen lassen, sie wird dann wieder fest. Man sollte sehr vorsichtig mit der Alfaré-Wassermischung sein. Anschließend die restlichen Kartoffeln unterkneten. Der Teig sollte lauwarm abgekühlt sein. Aus dem Kartoffelteig mit bemehlten Händen runde Klöße formen. Salzwasser zum Kochen bringen und die Klöße hineingeben (die Klöße sollten frei im Wasser schwimmen können). Herd zurückschalten und die Klöße bei schwacher Hitze ca. 20 Minuten gar ziehen lassen. Möchte man die Klöße verfeinern, aus Toast aus verträglichem Mehl kleine Würfel schneiden und in heißem Fett hellbraun rösten. Die Brotwürfel in die bereits geformten Klöße drücken, sehr vorsichtig die Eindruckstelle mit dem Kartoffelteig überziehen.

Kartoffelklöße werden zu jeder Art von Fleisch gereicht. Als süße Variante könnte gekochtes verträgliches Backobst, das mit Traubenzucker oder Apfel- oder Birnendicksaft gesüßt und eventuell mit Nestargel angedickt wird, dazu serviert werden.

Kartoffelklöße (für 2 Personen)

(1 Portion ca. 270g: 246 kcal; 1034 kJ; 8g E; 43g KH)

500 g	Kartoffeln		Jodsalz
40 g	verträgliches Mehl (oder Stärke)	1 TL	gehackte Petersilie
7 g	Nestargel		Weißer Pfeffer
		Evtl.	Weißbrot

Kartoffeln waschen, dämpfen und pellen. Durch die Kartoffelpresse geben oder mit einer Gabel zerdrücken und kalt stellen (ca. 12 Stunden). Dann Mehl und Nestargel unterkneten, mit den Gewürzen vermischen. Aus dem Teig mit bemehlten Händen Klöße formen, eventuell mit gerösteten Brotwürfeln füllen. Die Klöße in kochendes Salzwasser geben und ca. 20 bis 25 Minuten gar ziehen lassen (das Wasser soll nur leicht sieden, nicht kochen). Die fertigen Klöße gut abtropfen lassen.

Die Klöße passen zu Geflügel, Rind, Lamm, Kaninchen. In Scheiben geschnitten und in Öl von beiden Seiten angebraten und mit Salaten serviert schmecken sie sehr lecker.

Kartoffelgratin (für 2 Personen)

(1 Portion ca. 250g: 204 kcal; 857 kJ, 5g E; 5g F; 35g KH)

400 g	Kartoffeln		Jodsalz
	milcheiweißfreie Margarine für die Form		Weißer Pfeffer
3 ML	Alfaré	2 g	Nestargel
90 ml	Wasser	5 g	Sonnenblumenöl

Kartoffeln waschen, dämpfen, abpellen und in Scheiben schneiden. Die Scheiben in eine gefettete Auflaufform schichten. Alfaré mit Wasser, Jodsalz, weißem Pfeffer und Nestargel gut vermischen und über die Kartoffeln gießen. Im vorgeheizten Backofen 30 Minuten bei 180 Grad auf der obersten Schiene goldbraun backen.

Kartoffelpuffer (für 4 Personen)

(1 Portion ca. 140g: 142 kcal; 594 kJ; 3g E; 5g F; 21g KH)

400 g	Kartoffeln	5 g	Nestargel
1/2	Gemüsezwiebel	1 TL	Kartoffelstärke
	Jod- oder Meersalz	2 EL	Sonnenblumenöl
	Weißer Pfeffer		

Die Kartoffeln waschen, schälen, grob reiben. Die halbe Zwiebel ganz fein hacken und zu den Kartoffeln geben. Vermischen und mit Salz und Pfeffer würzen. Den Teig 5 bis 10 Minuten ruhenlassen, dann den Kartoffelsaft abgießen. Den Kartoffelteig mit Nestargel und Stärke gut verrühren. Öl in einer Pfanne erhitzen, mit einem Eßlöffel Kartoffelplätzchen in die Pfanne setzen, von beiden Seiten goldbraun braten.

Kartoffelbrei (für 2 Personen)

(1 Portion ca. 190g: 174 kcal; 728 kJ; 5g E; 6g F; 25g KH)

200 g	Kartoffeln	4	Frühlingszwiebeln (oder 100 g Gemüsezwiebeln)
	Jod- oder Meersalz	1 EL	Sonnenblumenöl
5 ML	Alfaré		
50 ml	Wasser		

Die gewaschenen und geschälten Kartoffeln dämpfen. Die Kartoffeln sehr fein zerstampfen und salzen. Alfaré in dem heißen Wasser auflösen, dazugeben und schaumig schlagen. Eventuell etwas nachsalzen. Zum Servieren die Frühlingszwiebeln (oder Gemüsezwiebeln) schräg in feine Streifen schneiden (bzw. würfeln), in etwas Öl anbraten und über den Kartoffelbrei geben.

Bratkartoffeln (für 2 Personen)

(1 Portion ca. 260g: 249 kcal; 1042 kJ; 5g E; 10g F; 34g KH)

400 g	Kartoffeln	2 EL	Sonnenblumenöl
100 g	Gemüsezwiebeln oder Frühlingszwiebeln, gewürfelt		Jod- oder Meersalz

Kartoffeln kochen, abschrecken und pellen. Anschließend in Scheiben schneiden. Die Zwiebeln würfeln und mit den Kartoffeln im heißen Öl in der Pfanne braten, häufig wenden. Mit Salz abschmecken.

Pommes frites (für 2 Personen)

(1 Portion ca. 200g: 245 kcal; 1027 kJ; 4g E; 13g F; 29 KH)

400 g	feste Kartoffeln
2–3 EL	Pflanzenfett
	Jod- oder Meersalz

400 g geschälte und gewaschene Kartoffeln zuerst in Scheiben, dann in Streifen schneiden (oder mit dem Pommes-frites-Schneider in Stifte), auf ein geöltes Backblech setzen, die obere Schicht mit Öl bepinseln und auf der obersten Schiene bei 175 Grad 30 Minuten im Ofen backen. Nach der Hälfte der Zeit die Pommes frites wenden, erneut mit Öl bestreichen. Nach dem Backen salzen.

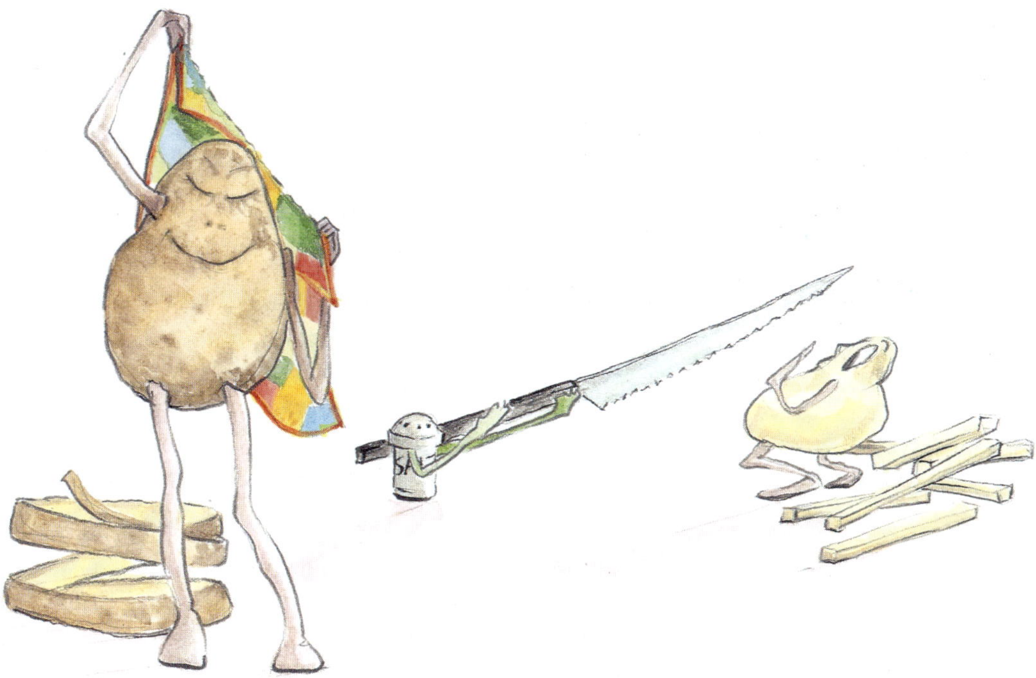

Gekochter Reis in 6 Varianten (für 2 Personen)

(1 Portion ca. 180g: 208 kcal; 885 kJ; 4g E; 47g KH)

120 g	parboiled Reis	Jod- oder Meersalz

Reis nach der Anweisung auf der Packung zubereiten.

1. Als neutrale Beilage servieren.
2. 50 Gramm gewürfelte Gemüsezwiebeln (oder Frühlingszwiebeln oder den unteren weißen Teil des Lauchs) in 1 Teelöffel Sonnenblumenöl andünsten, unter den Reis mischen.
3. 100 Gramm frische oder tiefgekühlte Erbsen mit etwas Traubenzucker und 3 Eßlöffeln Wasser 5 Minuten dünsten und untermischen. 50 Gramm feingewürfelte, in 1 Teelöffel Öl angebratene Zwiebeln unter den Reis geben.
4. Frische Kräuter, wie gehackte Petersilie, Dill, Schnittlauch, Knoblauchgranulat und Öl daruntermischen.
5. Gebratenes Geflügelfleisch mit gebratenen Zwiebeln und Knoblauchgranulat dazugeben.
6. Innereien, wie Leber, Herz (z.B. vom Lamm), eine Prise Majoran und grüne gekochte Bohnen unter den Reis mischen.

Alfaré-Reis (Milchreis) (für 2 Personen)

(1 Portion ca. 360g: 443 kcal; 1852 kJ; 11g E; 10g F; 78g KH)

500 ml	Wasser	16 ML	Alfaré
120 g	Milchreis	20 g	Traubenzucker

Wasser zum Kochen bringen. Den Reis hineinstreuen, umrühren, einmal aufkochen und ca. 40 Minuten im geschlossenen Topf bei geringer Hitze ausquellen lassen. Dabei gelegentlich umrühren. Zum Schluß Alfaré mit Traubenzucker mischen und darunterrühren.

Zum “Milchreis” passen Obstpürees, Kompott, Traubenzucker zum Nachsüßen oder hochw. Pflanzenöle oder ausgelassene milcheiweißfreie Margarine.

Sojamilchreis (für 2 Personen)

(1 Portion ca. 430g: 406 kcal; 1699 kJ; 17g E; 6g F; 71g KH)

700 ml	Sojamilch		Traubenzucker
160 g	Milchreis		(oder Apfel- oder Birnendicksaft)

Sojamilch zum Kochen bringen, den Reis einstreuen und bei milder Hitze 35 bis 40 Minuten quellen lassen. Süßen nach Geschmack mit Traubenzucker bzw. Apfel- oder Birnendicksaft.

Tapiokasago (für 2 Personen)
(Grundrezept)

(1 Portion ca. 210g: 268 kcal; 1118 kJ; 3g E; 6g F; 50g KH)

100 g	Tapiokasago	300 ml	Wasser
6 ML	Alfaré	1 TL	Sonnenblumenöl

Sago in 200 Millilitern kaltem Wasser 10 Minuten quellen lassen, einmal aufkochen, ab und zu umrühren. Alfaré mit 100 Milliliter Wasser mischen und zusammen mit dem Öl dazugeben. Vom Herd nehmen, auskühlen lassen.

Wenn der Sago fest geworden ist, läßt er sich vielseitig verwenden:

1. Als Dessert mit dem verträglichen pürierten Obst, Kompott oder Saft, dann eventuell mit Traubenzucker nachsüßen (oder Apfel- oder Birnendicksaft verwenden).

2. In Scheiben schneiden und in der Pfanne in heißem Öl ausbacken. Gut auf Küchenpapier abtropfen lassen. Entweder salzen oder süßen. Die Scheiben kann man als Beilage zu Gemüse, Fleisch oder, ähnlich wie Brot mit milcheiweißfreier Margarine bestrichen essen.

3. Tapiokasago-Masse mit gedünstetem Gemüse, gekochtem oder gebratenem Fleisch wie ein Risotto vermischen.

4. Als Klößchen in Brühen und Suppen. Die Tapiokasago-Masse für diesen Zweck noch mit 1 – 2 Gramm Nestargel binden. Klößchen mit 2 Teelöffeln abstechen und in die nicht mehr kochende Brühe gleiten lassen.

5. Tapiokasago-Masse mit Traubenzucker und entöltem Kakao süßen.

Quinoa

Quinoa ist eine südamerikanische Getreideart, die sehr viel biologisch hochwertiges Eiweiß enthält und reich an B-Vitaminen ist.

100g enthalten: 359 kcal; 1500 kJ; 15g E; 6g F; 59g KH; 7g Ballaststoffe; 3g Mineralstoffe

Quinoa wird wie Reis verwendet – man kocht es in Wasser.

Gekochtes Quinoa (für 1 Person)
(Grundrezept)

(1 Portion ca. 200g: 210 kcal; 878 kJ; 8g E; 3g F; 36g KH)

60 g	Quinoa

Quinoa in der 3-fachen Menge Wasser zum Kochen bringen. Bei milder Hitze 12 bis 15 Minuten garen lassen. Als Beilage statt Reis verwenden.

Herzhafte Variationen: Zum Füllen von Auberginen, Zucchini oder Gemüsezwiebeln verwenden. Als Risotto – mit grünen Erbsen, geraspelten Karotten, glasig geschmorten Lauchzwiebeln, Knoblauchgranulat, getrocknetem Majoran.

Süße Variationen: Quinoa mit Traubenzucker bzw. Apfel- oder Birnendicksaft süßen. Oder Fruchtpüree aus verträglichen Obstsorten untermengen.

Dampfnudeln (für 2 Personen)

(1 Portion ca. 210g: 518 kcal; 2166 kJ; 12g E; 16g F; 78g KH)

180 g	verträgliches Mehl	2 g	Hirschhornsalz (Triebmittel)
30 g	milcheiweißfreie Margarine	3 ML	Alfaré
10 g	Traubenzucker	90 ml	Wasser

Mehl, Margarine, Zucker und Hirschhornsalz vermischen. Alfaré mit Wasser verrühren. Die Hälfte davon zu der Mehlmischung geben und zu einem Teig verrühren. Zu Klößen formen und in eine gefettete Auflaufform geben. Restliche Alfaré-Mischung über die Klöße gießen und zugedeckt langsam im Ofen bei 175 Grad auf der mittleren Schiene backen.

Dazu passen Kompotte und Obstpürees.

Kalte Dampfnudeln kann man mit milcheiweißfreier Margarine und mit Marmelade bestrichen essen.

Hefeklöße (für 2 Personen)

(1 Portion ca. 170g: 448 kcal; 1871 kJ, 11g E; 11g F; 75g KH)

150 g	verträgliches Mehl	20 g	milcheiweißfreie Margarine (oder Sonnenblumenöl)
1	Tütchen Trockenhefe	4 g	Nestargel
30 g	Traubenzucker	3 1/2 ML	Alfaré
1 Pr	Jodsalz	120 ml	Wasser

Alle Zutaten gut verkneten und warmstellen. So lange gehen lassen, bis der Teig die doppelte Größe erreicht hat. Aus dem Teig eine Rolle formen und in gleichmäßige Stücke schneiden. Daraus mit bemehlten Händen Klöße formen, nochmals gehen lassen, bis sie doppelt so hoch sind. Einen breiten, hohen Topf etwa zur Hälfte mit Wasser füllen. Wasser zum Kochen bringen, ein Mulltuch sehr straff darüberspannen und an den Griffen festbinden. Das Tuch bemehlen und die Klöße darauflegen. Eine Schale darüberdecken, die Klöße etwa 15 bis 20 Minuten garen lassen.

Dazu passen Obstpüree, Kompotte oder zerlassene milcheiweißfreie Margarine.

(Nach diesem Rezept wird übrigens auch Hefekuchenteig hergestellt.)

Blini (ca. 12 Stück)

(Pro Stück ca. 75g: 171 kcal; 716 kJ; 5g E; 4g F; 9g KH)

350 g	verträgliches Mehl	380 ml	Wasser
100 g	Buchweizenmehl	4 g	Nestargel, aufgelöst
7 ML	Alfaré		Jodsalz
1	Tütchen Trockenhefe	1–2 EL	Pflanzenöl
1 TL	Traubenzucker		

Mehl und Buchweizenmehl in einer Schüssel vermischen, in die Mitte eine Mulde drücken. 4 Meßlöffel Alfaré mit der Hefe und dem Traubenzucker in 100 Milliliter Wasser auflösen, auf dem Herd etwas anwärmen und in die Mulde gießen. Mit Mehl vom Rand bestreuen, Nestargel mit restlichem Alfaré und restlichem Wasser auflösen und salzen. Dazugeben und schnell zu einem dickflüssigen Teig verarbeiten. Teig zugedeckt bei Zimmertemperatur 15 Minuten gehen lassen. Öl in einer großen Pfanne erhitzen und den Teig mit kleiner Kelle in die Pfanne geben. Die Blini von jeder Seite 2 bis 3 Minuten ausbacken. Auf Küchenkrepp gut abtropfen lassen und warm stellen. Blini trennen mit Back- oder Pergamentpapier. Man serviert Blini zu Gemüse und Fleisch.

So kann man „Bliniburger" daraus herstellen: Mit angemachtem Salat, rohen dünnen Zucchinischeiben, dünn geschnittenen Gemüsezwiebelstreifen, in Obst- oder Weinessig eingelegter rote Bete, dünnem, gebratenem Putenschnitzel oder gebratener Putenbrust oder mit Lammfleischbuletten belegen. Dazu paßt Zucchini-Ketchup (siehe Rezept Seite 54).

Hirseplätzchen (für 2 Personen)

(1 Portion ca. 150g: 406 kcal; 946 kJ; 24g E; 13g F; 21g KH)

1	kleine Gemüsezwiebel, (oder 2 kleine Frühlingszwiebeln)		Weißer Pfeffer
		150 ml	Wasser
1–2 EL	Pflanzenöl	$1^1/_2$ ML	Alfaré
50 g	Hirse	1 EL	Hirsemehl
	Jodsalz	6 g	Nestargel
		20 g	weiche milcheiweißfreie Margarine

Zwiebel sehr fein hacken und in 1 Teelöffel Öl glasig andünsten. Hirse mit heißem Wasser abspülen, gut abtropfen lassen und zu den Zwiebelwürfeln geben. 100 Milliliter Wasser dazugeben, zugedeckt 10 Minuten garen lassen, salzen, pfeffern. Noch 10 Minuten ausquellen lassen. Alfaré mit restlichem Wasser, Hirsemehl und Nestargel gut verrühren und mit der Margarine unter die Hirsemasse mischen. 10 Minuten ruhenlassen. Im restlichen heißen Öl die Hirseplätzchen ca. 3 bis 4 Minuten von beiden Seiten braten. Auf Küchenpapier gut abtropfen lassen.

2.2.4 Gemüse

Karamelisiertes Gemüse (für 2 Personen)

(zum Beispiel Rote Bete, Pastinakenwurzeln, Karotten, Petersilienwurzeln, Schwarzwurzeln, Steckrüben oder Kohlrüben)

(1 Portion ca. 210g: 138 kcal; 579 kJ; 3g E; 6g F; 19g KH)

1 EL	Sonnenblumenöl		Pfeffer
20 g	Traubenzucker		Maggi flüssig
400 g	Wurzelgemüse	2 TL	Petersilie
	Jod- oder Meersalz		

Wurzelgemüse waschen, putzen und in Stifte schneiden. Sonnenblumenöl in der Pfanne erhitzen, Traubenzucker dazugeben, unter ständigem Rühren etwas anbräunen lassen. Dann das Wurzelgemüse unter ständigem Rühren in dem Karamel glasieren. Etwas Wasser angießen, salzen, pfeffern, mit Maggi flüssig abschmecken und zugedeckt bei milder Hitze ca. 5 Minuten köcheln lassen. Die Flüssigkeit sollte völlig verdampfen. Zum Garnieren gehackte Petersilie darüberstreuen.

Semmelbrösel (zum Überbacken und Panieren)

Altbackene Brötchen aus den verträglichen Getreidesorten (Mais, Reis, Quinoa, Tapioka, Roggen, Weizen, Hafer, Hirse, Buchweizen) im Mixer fein mahlen. Die Brösel können dann in einem Schraubglas im Kühlschrank aufbewahrt werden.

Gut geeignet, um Fleisch zu panieren. Oder die Brösel in Sonnenblumenöl oder milcheiweißfreier Margarine unter ständigem Rühren erhitzen, über Zucchini, Auberginen, Fenchel oder Schmorgurke geben und im Backofen überbacken.

Rotkohl (für 2 Personen)

(1 Portion ca. 400g: 200 kcal; 837 kJ; 5g E; 11g F; 20g KH)

1/2 Kopf	Rotkohl		Jodsalz
1	Apfel		Traubenzucker
2 EL	Sonnenblumenöl	1 EL	verdünnter Essigessenz
1	Gemüsezwiebel	70 ml	Wasser
1	Lorbeerblatt		

Vom Kohl die unansehnlichen äußeren Blätter ablösen, den Strunk herausschneiden. Kohl waschen, vierteln, sehr fein schneiden oder hobeln. Den Apfel schälen, entkernen und klein schneiden. Das Öl erhitzen, Kohl und Apfelstücke andünsten. Zwiebel schälen und mit dem Lorbeerblatt zum Kohl geben, salzen und mit Traubenzucker und Essig würzen. Dann das Wasser hinzufügen, den Kohl zugedeckt gar dünsten. Noch mal mit Salz, Traubenzucker und Essig abschmecken. Die Garzeit beträgt etwa 30 Minuten.

Rosenkohl gedünstet (für 2 Personen)

(1 Portion ca. 260g: 199 kcal; 836 kJ; 11g E; 13g F; 10g KH)

500 g	geputzter Rosenkohl	30 g	milcheiweißfreie Margarine
	Jod- oder Meersalz		Weißer Pfeffer
			Jod- oder Meersalz

Den geputzten Rosenkohl mit 3 bis 4 Eßlöffeln Wasser im geschlossenen Topf 10 bis 12 Minuten dünsten. Die Margarine schmelzen lassen, das Gemüse darin schwenken und mit Pfeffer und Salz abschmecken.

Blumenkohl, Brokkoli oder Romanesko

(für 2 Personen)

(1 Portion ca. 275g: 244 kcal; 1018 kJ; 6g E; 21g F; 7g KH)

500 g	Blumenkohl- oder Brokkoli- oder Romanesko-Röschen	50 g	milcheiweißfreie Margarine
	Jod- oder Meersalz	Evtl.	Semmelbrösel (aus verträglichem Mehl)

Brokkoli, Blumenkohl oder Romanesko putzen, den Stiel eventuell schälen. Gemüse mit 1/8 Liter leicht gesalzenem Wasser 10 bis 15 Minuten kernig weich dünsten. Das Gemüse vorsichtig in eine angewärmte Schüssel geben. Die zerlassene Margarine und eventuell angeröstete Semmelbrösel (siehe Rezept Seite 79) über das Gemüse geben.

Rübchen- und Wurzelgemüse (für 2 Personen)

(zum Beispiel Teltower Rübchen, Petersilienwurzeln, Rote Bete, Pastinakenwurzeln)

(1 Portion ca. 290g: 355 kcal; 1484 kJ; 6g E; 21g F; 35g KH)

500 g	Rübchen oder Wurzeln		Weißer Pfeffer
40 g	Sonnenblumenöl	Evtl.	Maggi flüssig
40 g	Traubenzucker		
	Jod- oder Meersalz		

Die Rübchen oder Wurzeln waschen, schälen und in Stifte schneiden. Das Öl in einer großen Pfanne erhitzen, den Traubenzucker dazugeben und karamelisieren lassen. Die Rübchen oder Wurzeln hinzutun und alles gut mit dem Karamel vermischen. Den Topf schließen, 3 Minuten köcheln lassen, umrühren. Wenn nötig, etwas Wasser angießen und nochmals 2 Minuten dünsten lassen. Mit Salz, Pfeffer und einigen Tropfen Maggi flüssig abschmecken.

Das Gemüse paßt gut zu kurzgebratenem Fleisch.

Junges Gemüse (für 4 Personen)

(1 Portion ca. 270g: 168 kcal; 702 kJ; 9g E; 5g F; 21g KH)

1 Bd	junge Karotten	250 g	Zuckerschoten
1	Kohlrabi		Jod- oder Meersalz
2 Bd	Frühlingszwiebeln	2 EL	milcheiweißfreie Margarine
250 g	gepalte grüne Erbsen	1 Bd	Petersilie
		1 Bd	Kerbel

Gemüse putzen und waschen, bei Kohlrabi die kleinen zarten Blättchen mit verwenden, bei den Frühlingszwiebeln 1/3 vom Grün abschneiden. Die Karotten und Kohlrabi klein schneiden und 3 Minuten mit 5 Eßlöffeln Wasser dünsten, dann Erbsen und Zuckerschoten zugeben und 2 Minuten mit dünsten, zuletzt die Frühlingszwiebeln unterheben und kurz dünsten. Die Margarine schmelzen lassen und das Gemüse darin schwenken. Mit kleingehackter Petersilie und fein gezupftem Kerbel servieren.

Überbackene Frühlingszwiebeln (für 2 Personen)

(1 Portion ca. 200g: 178 kcal; 742 kJ; 3g E; 12g F; 13g KH)

2 Bd	Frühlingszwiebeln		Weißer Pfeffer
2 EL	Sonnenblumenöl	3 ML	Alfaré
1 EL	verdünnter Essigessenz	2 g	Nestargel
	Jod- oder Meersalz	60 ml	Wasser

Die Zwiebeln putzen, waschen und quer halbieren. Öl in einer großen Pfanne erhitzen, die Zwiebelknollen 2 bis 3 Minuten garen, wenden. Die oberen grünen Teile hinzugeben, weitere 3 bis 4 Minuten zugedeckt bei milder Hitze garen. Die Zwiebeln auf einer Platte anrichten, mit Essig beträufeln, salzen und pfeffern. Alfaré und Nestargel mit dem Wasser mischen und darübergeben, 3 Minuten unter dem Grill oder auf der obersten Schiene im vorgeheizten Ofen bei 250 Grad überbacken.

Paßt gut zu gebratenem Fleisch. Ohne die Alfaré-Nestargel-Lösung als Salat oder als kalte Beilage verwendbar.

Weintrauben-Frühlingszwiebel-Gemüse

(für 2 Personen)

(1 Portion ca. 240g: 243 kcal; 1016 kJ; 8g E; 13g F; 22g KH)

je 100 g	blaue und weiße Weintrauben		Jod- oder Meersalz
2 Bd	Frühlingszwiebeln		Weißer Pfeffer
50 g	geräucherte Putenbrust		Schnittlauch
30 g	milcheiweißfreie Margarine		Kerbel

Trauben entkernen, Zwiebeln putzen (das Zwiebelgrün wegschneiden und nur die weiße Zwiebelknolle verwenden). Putenbrust sehr fein würfeln. Margarine erhitzen, Putenbrust andünsten, Zwiebeln dazugeben. 5 Minuten unter ständigem Schwenken garen. Trauben dazugeben und noch 1 Minute garen lassen. Mit Salz und Pfeffer abschmecken. Zum Servieren Schnittlauch in feine Röllchen hacken, Kerbelblättchen von den Stielen zupfen und über das Gemüse streuen.

Paßt sehr gut zu gebratenem Geflügel wie Huhn, Enten-/Putenbrust oder zu Steak.

Lauchgemüse (für 2 Personen)

(1 Portion ca. 210g: 149 kcal; 623 kJ; 5g E; 10g F; 9g KH)

300 g	Lauch		Jodsalz
20 g	milcheiweißfreie Margarine		Weißer Pfeffer
3 ML	Alfaré	1 EL	gehackte Petersilie
90 ml	Wasser		

Den Lauch putzen, waschen, in etwa 6 Zentimeter lange Stücke schneiden. Die Margarine zerlassen und den Lauch darin andünsten. Alfaré mit dem Wasser mischen und zum Lauch hinzufügen. Mit Salz und Pfeffer abschmecken. Noch etwa 7 Minuten köcheln lassen. Nach dem Garen gehackte Petersilie hinzufügen.

Schmorgurken (für 2 Personen)

(1 Portion ca. 300g: 150 kcal; 624 kJ; 3g E; 10g F; 11g KH)

400 g	Salatgurke	3 ML	Alfaré
1	Gemüsezwiebel	90 ml	Wasser
20 g	milcheiweißfreie Margarine		Jod- oder Meersalz
			Weißer Pfeffer
		1 EL	gehackter Dill

Die Salatgurke schälen, halbieren und in kleine Stücke schneiden. Die Zwiebel schälen und würfeln. Die Margarine im Topf zerlassen und die Zwiebelwürfel und die Gurkenstücke darin andünsten. 2 Minuten köcheln lassen. Inzwischen Alfaré mit dem Wasser mischen. Zum Gemüse geben und nochmals 5 Minuten mit geschlossenem Deckel gar dünsten. Mit Salz, Pfeffer würzen und mit Dill bestreut servieren.

Schmorgurken passen hervorragend zu gebratenem Fleisch mit Kartoffelpüree oder mit Folienkartoffeln.

Kürbisgemüse (für 2 Personen)

(1 Portion ca. 260g: 126 kcal; 526 kJ; 4g E; 7g F; 11g KH)

300 g	frischen Kürbis	3 ML	Alfaré
1	kleine Gemüsezwiebel oder den weißen Teil vom Lauch	90 ml	Wasser
			Jod- oder Meersalz
1 EL	Rote Bete		Weißer Pfeffer
1 EL	Sonnenblumenöl	1 TL	verdünnter Essigessenz
		1 EL	gehackter Dill

Kürbis entkernen, schälen, grob raspeln. Zwiebel (oder Lauch) schälen und würfeln, Rote Bete schälen und raspeln. Öl heiß werden lassen und die Zwiebel goldbraun darin andünsten. Alfaré mit dem Wasser mischen und die Zwiebelwürfel damit ablöschen, salzen, pfeffern, etwas einkochen lassen. Kürbis unterrühren und 5 Minuten mit schmoren, ebenso die Rote Bete. Dill untermischen, mit dem Essig abschmecken.

Dazu passen Kartoffeln, Polenta, Reis, Quinoa, Tapioka-Fladen oder gebratenes Fleisch.

Grüne Bohnen (für 2 Personen)

(1 Portion ca. 175g: 100 kcal; 418 kJ; 4g E; 4g F; 10g KH)

300 g	grüne Bohnen (Schnitt-, Brech- oder Wachsbohnen)		Jod- oder Meersalz
1/2	Gemüsezwiebel		Weißer Pfeffer
10 g	milcheiweißfreie Margarine		Gehackte Petersilie

Die Bohnen waschen, die Fäden entfernen, schneiden. Die Zwiebel schälen und würfeln. Die Margarine in einem Topf zerlassen und die Zwiebelwürfel darin glasig dünsten. Dann die Bohnen hinzugeben und mit dünsten. 1/4 Liter Wasser angießen, salzen, pfeffern, abschmecken und noch etwa 15 Minuten weiter dünsten. Mit Petersilie bestreut servieren.

Fenchelgemüse (für 2 Personen)

(1 Portion ca. 260g: 192 kcal; 801 kJ; 6g E; 9g F; 20g KH)

2	Fenchelknollen		Jod- oder Meersalz
20 g	milcheiweißfreie Margarine		Weißer Pfeffer
		1/2 TL	verdünnter Essigessenz

Fenchel putzen, Fenchelkraut beiseite legen. Knollen waschen, in Scheiben schneiden. Fett im Topf aufschäumen lassen. Fenchelscheiben dazugeben und bei milder Hitze 5 Minuten andünsten, salzen, pfeffern, und mit Essig abschmecken. Zum Servieren Fenchelkraut roh über das Gemüse zupfen.

Paßt gut zu gebratenem oder gegrilltem Lamm- oder Kaninchenfleisch.

Fenchel mit Semmelbrösel (für 2 Personen)

(1 Portion ca. 260g: 244 kcal; 1019 kJ; 7g E; 13g F; 23g KH)

500 g	Fenchel (ca. 2 Knollen)	30 g	milcheiweißfreie Margarine
	Jod- oder Meersalz		Semmelbrösel (aus verträglichem Mehl)

Die Fenchelknollen waschen, putzen, die Stiele oberhalb der Knolle abschneiden und die äußeren Blätter entfernen. Fenchelkraut abschneiden und beiseite legen. Die Knollen in Viertel schneiden. Fenchel mit 1/8 leicht gesalzenem Wasser 5 bis 10 Minuten dünsten. Die milcheiweißfreie Margarine im Topf zerlassen, salzen und Semmelbrösel (siehe Rezept Seite 79) darin erhitzen. Fenchelkraut fein hacken und mit den Bröseln über die Fenchelknollen geben.

Fenchelrisotto (für 2 Personen)

(1 Portion ca. 650g: 294 kcal; 1228 kJ; 10g E; 6g F; 48g KH)

500 g	Fenchel	1/2 l	Hühnerbrühe
1	Gemüsezwiebel	Evtl.	verdünnter Essigessenz
10 g	milcheiweißfreie Margarine		Jod- oder Meersalz
250 g	parboiled Reis		

Fenchel putzen und waschen, Fenchelkraut beiseite legen. Die Fenchelknollen der Länge nach in feine Streifen schneiden. Zwiebel schälen und fein würfeln. Margarine in einem Topf zerlassen und Fenchel und Zwiebel darin glasig dünsten. Reis unterrühren. Hühnerbrühe, nach Geschmack mit dem Essig säuern und einrühren. Den Reis darin zugedeckt 15 Minuten ausquellen lassen. Fertiges Risotto eventuell nachsalzen, mit gehacktem Fenchelgrün bestreuen, servieren.

Dazu passen Lammkotelett, geräucherte Putenbrust und Rindersteak.

Spinat (für 2 Personen)

(1 Portion ca. 320g: 115 kcal; 483 kJ; 8g E; 7g F; 7g KH)

500 g	frischen Spinat		Jod- oder Meersalz
1/2	Gemüsezwiebel		Weißer Pfeffer
10 g	milcheiweißfreie Margarine	3 ML	Alfaré
		90 ml	Wasser

Den Spinat putzen, gründlich waschen, durch ein Sieb abgießen, aber nicht abtropfen lassen. Den Spinat ohne weiteres Wasser zum Kochen bringen, Spinat kurz zusammenfallen lassen, vom Herd nehmen, dann grob oder fein schneiden. Die Zwiebel schälen, fein würfeln. Die Margarine im Topf zerlassen, die Zwiebelwürfel darin glasig dünsten und den Spinat hinzufügen, gar dünsten. Mit Salz und Pfeffer würzen. Alfaré mit dem Wasser mischen. Spinat damit binden und nochmals abschmecken.

Frische Champignons oder Austernpilze

(für 1 Person)

(1 Portion ca. 220g: 184 kcal; 766 kJ; 5g E; 14g F; 9g KH)

100 g	Pilze		Weißer Pfeffer
10 g	Gemüsezwiebel (oder Frühlingszwiebel)		Knoblauchgranulat
		3 ML	Alfaré
1 EL	Sonnenblumenöl	90 ml	Wasser
	Jod- oder Meersalz	1/2 Bd	Petersilie

Pilze nur wenn nötig waschen, putzen. Zwiebeln putzen und fein würfeln. Beides goldgelb im Öl anbraten, mit Salz, Pfeffer, Knoblauchgranulat würzen. Alfaré mit dem Wasser verrühren, Pilze damit ablöschen und noch ca. 1 Minute leicht eindicken lassen. Petersilie hacken und darüberstreuen.

Zu gebratenem und gekochtem Fleisch oder zu Reis, Kartoffeln und Polenta.

Spinatgratin mit Pilzen (für 2 Personen)

(1 Portion ca. 450g; 260 kcal; 1091 kJ; 12g E; 16g F, 16g KH)

500 g	Blattspinat (frisch oder tiefgekühlt)	1	Gemüsezwiebel
	Jod- oder Meersalz	1 EL	Sonnenblumenöl
	Weißer Pfeffer	1	Scheibe Brot (aus verträglichen Mehlsorten)
3 ML	Alfaré	2 EL	milcheiweißfreie Margarine
90 ml	Wasser		
200 g	Champignons (oder Austernpilze)		

Spinat verlesen, waschen, tropfnaß in einem großen Topf auf der Herdplatte zusammenfallen lassen (oder unaufgetaut in etwas leicht gesalzenem Wasser vorsichtig erhitzen), Spinat mit Salz, Pfeffer und der Hälfte des mit dem Wasser angerührten Alfaré mischen, beiseite stellen. Die Pilze putzen, waschen, in Scheiben schneiden. Die Zwiebel schälen, in feine Würfel schneiden und in Öl glasig dünsten. Die Pilzscheiben dazugeben, anbraten, pfeffern und salzen. Die Brotscheibe fein zerkrümeln und mit dem Rest Alfaré-Lösung vermischen. Pilze und Spinat in eine gefettete Auflaufform geben. Mit den Bröseln bestreuen, Margarine schmelzen und darüberträufeln. Den Ofen vorheizen, bei 200 Grad 15 bis 20 Minuten überbacken.

Dazu paßt Hühnchen- oder Putenschnitzel.

Überbackener Chicorée (für 2 Personen)

(1 Portion ca. 390g; 271 kcal; 1136 kJ; 41g E; 6g F; 9g KH)

2	große Chicoréestangen	10 g	Nestargel
4	Scheiben Putenbrust (oder Rinderschinken, Lammschinken, Bündner Fleisch)	30 ml	Wasser
			Jod- oder Meersalz
			Weißer Pfeffer
	milcheiweißfreie Margarine für die Form	1 TL	verdünnter Essigessenz
			Paniermehl (Weizen, Mais)
3 ML	Alfaré	1 TL	Sonnenblumenöl

Chicorée 1 Minute in Salzwasser blanchieren, abtropfen lassen, Abtropfwasser auffangen. Chicorée mit der Putenbrust umwickeln, in eine gefettete Form legen. Aus dem Abtropfwasser, Alfaré, Nestargel (mit 30 Milliliter Wasser anrühren) eine Soße herstellen, mit Salz, Pfeffer und Essig abschmecken. Die Soße muß sehr dickflüssig sein, weil das Gemüse noch Flüssigkeit abgibt. Chicorée mit der Soße überziehen, mit Paniermehl bestreuen, Öl darüberträufeln. Auf der obersten Schiene im 225 Grad heißen Ofen 25 Minuten überbacken.

Fenchelgratin mit Zucchini und Apfel

(für 2 Personen)

(1 Portion ca. 310g; 175 kcal; 731 kJ; 4g E; 1g F; 37g KH)

80 – 100 g	Fenchel	2 EL	verdünnter Essigessenz
	Jod- oder Meersalz	50 g	Tapiokasago
100 g	Zucchini	1/8 l	Gemüsebrühe
1	Apfel		Weißer Pfeffer
100 g	Lauch (oder Gemüsezwiebel)		

Fenchel putzen, Fenchelkraut zum Garnieren beiseite legen, Fenchelknolle in schmale Streifen schneiden, 3 Minuten in reichlich gesalzenem Wasser blanchieren. Die Zucchini putzen, in dünne Scheiben schneiden, den Apfel schälen, entkernen und ebenfalls in Scheiben schneiden. 8 Eßlöffel Wasser mit 1 Eßlöffel Essig mischen und das Gemüse darin einlegen, damit es sich nicht braun färbt. Lauch (unterer weißer Teil oder Gemüsezwiebeln) putzen und in sehr schmale Streifen schneiden. Tapiokasago in Gemüsebrühe und restlichem Essig quellen lassen, einmal aufkochen, etwas ruhenlassen. Das abgetropfte Gemüse mit dem Porree und dem Tapioka mischen, im auf 200 Grad vorgeheizten Herd 10 Minuten bei 200 Grad auf der obersten Schiene überbacken.

Chinakohlpfanne (für 2 Personen)

(1 Portion ca. 400g: 259 kcal; 1087 kJ; 11g E; 8g F; 35g KH)

100 g	Chinakohl (oder 1 kleiner Wirsing)	Jod- oder Meersalz
1	Gemüsezwiebel	Weißer Pfeffer
100 g	Champignons (oder Austernpilze)	Maggi flüssig
1 EL	Sonnenblumenöl	Knoblauchgranulat
100 g	Hirse (oder Buchweizen, Quinoa, Bulgur)	Petersilie (oder Kerbel, Dill)
150 g	Zucchini	

Kohl waschen, in feine Streifen schneiden. Zwiebel schälen, fein würfeln, Pilze putzen und in Scheiben schneiden. Öl in einem Topf erhitzen, die Zwiebel und die Pilze darin andünsten. Die Hirse darunterrühren, mit so viel Wasser auffüllen, daß die Hirse bedeckt ist, und bei milder Hitze 5 Minuten köcheln lassen. Dann die Kohlstreifen dazugeben und zugedeckt weitere 5 Minuten garen. Inzwischen die Zucchini waschen, fein würfeln und ebenfalls in den Topf geben. Alles gut verrühren und mit Salz, Pfeffer, etwas Maggi flüssig und Knoblauchgranulat würzen. Nochmals aufkochen lassen, vom Herd nehmen und mit den gehackten Kräutern garniert sofort servieren.

Gefüllte Kohlrabi (für 2 Personen)

(1 Portion ca. 400g; 157 kcal; 651 kJ; 7g E; 8g F; 15g KH)

2	Kohlrabi	1 EL	Sonnenblumenöl
	Jod- oder Meersalz	200 ml	Fleischbrühe
1	Gemüsezwiebel	90 ml	Wasser
	(oder den weißen Teil vom Lauch)	3 ML	Alfaré
80 g	frische Champignons		Weißer Pfeffer
	(oder Austernpilze)	1 EL	gekochter Reis (oder Quinoa)
1 Bd	Petersilie		

Kohlrabi schälen, Kohlrabiblätter beiseite legen. Die Kappen der Knollen fingerbreit abschneiden, Kohlrabi 15 Minuten vorsichtig in etwas Salzwasser kernig weich dünsten, nach 10 Minuten die Kappen hinzugeben. Zwiebel (oder Lauch) schälen, würfeln, Pilze putzen, nur wenn nötig waschen und in Scheiben schneiden. Petersilie fein hacken. Eine feuerfeste Form mit Öl auspinseln, Pilze und Zwiebeln hineingeben, andünsten. Die Hälfte der Brühe und das mit Wasser angerührte Alfaré hinzugeben, pfeffern und salzen. Kohlrabi aushöhlen, Inneres fein hacken, mit einem Teil der Pilze und der Zwiebel-Petersilienmischung füllen, den Rest in der Form lassen und die gefüllten Kohlrabi daraufsetzen. Kappen aufsetzen, abgedeckt im heißen Backofen auf der mittleren Schiene bei ca. 225 Grad 30 Minuten schmoren lassen. Knollen aus der Form nehmen, die restliche Fleischbrühe in die Form geben, den Reis (oder Quinoa) einstreuen und aufkochen lassen. Kohlrabi wieder in die Form setzen und mit den Kohlrabiblättchen garnieren.

Dazu paßt Kartoffelpüree oder gekochtes Fleisch.

Gefüllte Zucchini mit Kräutersoße

(für 2 Personen)

(1 Portion ca. 360g: 339 kcal; 1422 kJ; 7g E; 23g F; 25g KH)

200 g	Kartoffeln		Weißer Pfeffer
2	Zucchini (oder Auberginen)	1	kleine Gemüsezwiebel
	Jod- oder Meersalz	je 1 Bd	Petersilie, Schnittlauch und Kerbel
4 EL	Sonnenblumenöl	4 ML	Alfaré
1 TL	verdünnter Essigessenz	110 ml	Wasser
1 Pr	Knoblauchgranulat	1–2 g	Nestargel

Kartoffeln in der Schale in ca. 20 Minuten weich kochen, abgießen, abschrecken und pellen. Zucchini der Länge nach halbieren, aushöhlen, das Fruchtfleisch hacken. Die Zucchinihälften salzen, mit 2 Eßlöffeln Öl von jeder Seite 5 Minuten andünsten, in eine mit dem restlichen Öl gefettete Auflaufform geben. Sparsam mit Essig beträufeln. Kartoffeln und Zucchinifleisch durch den Fleischwolf drehen, mit Knoblauchgranulat, Salz, Pfeffer würzen. Alfaré mit Wasser mischen und die Hälfte der Mischung dazugeben. Die Masse in die Zucchinihälften geben, 15 Minuten bei 175 Grad auf mittlerer Schiene überbacken.

Dazu eine Soße aus gemischten Kräutern zubereiten: die Zwiebel in etwas Öl dünsten, restliche Alfaré-Mischung dazugeben, abschmecken und gehackte Kräuter unterrühren. Zum Schluß mit Nestargel die Soße binden.

Zucchini in Dillsoße (für 2 Personen)

(1 Portion ca. 280g: 112 kcal; 469 kJ; 4g E; 7g F; 7g KH)

300 g	Zucchini		Jod- oder Meersalz
1 TL	verdünnter Essigessenz		Weißer Pfeffer
1 EL	Sonnenblumenöl	3 ML	Alfaré
3 g	Nestargel	90 ml	Wasser
		1 Bd	Dill

Zucchini waschen, putzen, der Länge nach vierteln, die Viertel in fingerlange Stücke schneiden, Essig mit 150 Milliliter Wasser mischen und zum Kochen bringen. Zucchini 6 Minuten darin garen, abtropfen lassen, Abtropfwasser auffangen. Öl und Abtropfflüssigkeit in einer Pfanne erhitzen und das Nestargel einrühren, salzen und pfeffern. Alfaré mit dem Wasser mischen und in die Pfanne geben. In die inzwischen eingedickte weiße Soße die Zucchinistücke geben und heiß werden lassen, abschmecken. Dill fein hacken und unter das Gemüse ziehen.

Dazu passen kurzgebratenes Fleisch, geräucherte Putenbrust, Kartoffeln oder Nudeln aus den verträglichen Getreidesorten.

Weißkohl in Petersiliensoße (für 3 Personen)

(1 Portion ca. 320g: 165 kcal; 693 kJ; 5g E; 10g F; 14g KH)

750 g	Weißkohl (oder Chinakohl, Wirsing, Spitzkraut)	3 ML	Alfaré
		90 ml	Wasser
1	Gemüsezwiebel		Jod- oder Meersalz
30 g	milcheiweißfreie Margarine		Weißer Pfeffer
		2 Bd	Petersilie

Den Kohl putzen, waschen, in 1 Zentimeter dicke Streifen schneiden. Zwiebel sehr fein würfeln und in dem Fett goldbraun andünsten. Kohl zu den Zwiebeln geben und gut andünsten. Alfaré mit Wasser mischen und zum Gemüse geben, salzen, pfeffern und 10 Minuten bei milder Hitze schmoren lassen. Kleingehackte, gewaschene Petersilie kurz vor dem Servieren untermischen.

Dazu passen Kartoffelpuffer, Lammfleisch, Rinderbuletten.

Kohlrabi-Tofu-Pfanne (für 2 Personen)

(1 Portion ca. 310g: 212 kcal; 888 kJ; 8g E; 9g F; 26g KH)

200 g	Kohlrabi (oder Zucchini, Auberginen)	1 EL	Sonnenblumenöl
			Jod- oder Meersalz
200 g	Kartoffeln		Weißer Pfeffer
50 g	Tofu	Evtl.	Maggi flüssig
20 g	Gemüse- oder Frühlingszwiebeln	4 ML	Alfaré
		120 ml	Wasser
		1 Bd	Petersilie

Kohlrabi putzen, würfeln und mit 3 Eßlöffeln Wasser kernig weich dünsten. Kartoffeln in der Schale in Wasser gar kochen, pellen und würfeln. Den Tofu in Scheiben schneiden und mit den geschälten und gewürfelten Zwiebeln in Öl anbraten, salzen, pfeffern, eventuell Maggi flüssig hinzugeben.

Alfaré mit Wasser mischen und den Fond damit ablöschen. Die Kartoffeln und die Kohlrabiwürfel darunterheben, nachwürzen. Die feingehackte Petersilie darüberstreuen.

2.3 Desserts und Süßigkeiten

Alfaré-Brei

Alfaré, beliebige Menge		Traubenzucker
Wasser, beliebige Menge		Obst (verträgliche Sorten)
	Evtl.	entölter Kakao oder Rote-Bete-Saft

Alfaré in Wasser einrieseln lassen und klumpenfrei verrühren. Sollte der Brei zu dünnflüssig sein, noch etwas Alfaré einrühren bis er die richtige Konsistenz hat. Mit Traubenzucker süßen. Der Brei kann mit beliebigen Obstsorten variiert werden: Das Obst klein schneiden oder pürieren und untermischen. Oder das Obst als Kompott oder Saft dazu servieren. Den Brei mit Obststückchen dekorieren oder mit entöltem Kakao beziehungsweise Rote-Bete-Saft einfärben.

Mandelkonfekt

(Rezeptmenge 464g: 2112 kcal; 8832 kJ; 40g E; 153g F; 129g KH)

200 g	gemahlene Mandeln
100 g	Traubenzucker
100 ml	warmes Wasser
4 EL	verträgliches Öl
4 ML	Alfaré
4 g	Nestargel

Alle Zutaten gut verkneten. 30 Minuten ruhen lassen. Die Masse zu kleinen Kugeln formen und in entöltem Kakao- oder Carobpulver wälzen.

Die Masse kann auch als Füllung für Plätzchen oder Torten verwendet werden. Dazu die Masse dünn ausrollen und die gewünschten Formen ausstechen. Alternativ kann zum Aromatisieren Birnen- oder Apfeldicksaft verwendet werden. Auch vorher eingeweichtes, verträgliches, ungeschwefeltes Trockenobst kann im pürrierten Zustand zur besonderen Geschmacksgebung hinzugegeben werden.

Fruchteis

Fruchtsaft oder Früchtepüree	Traubenzucker (oder Birnen- oder Apfeldicksaft)

Verträglichen Fruchtsaft oder Früchtepüree mit Traubenzucker süßen, in Eisformen füllen und so lange einfrieren, bis die Masse fest ist. Zum Servieren das Eis zerstoßen und in Dessertschalen füllen. Oder als „Eis am Stiel“ (siehe Rezept Seite 96) einfrieren.

Früchteparfait (für 4 Personen)

(1 Portion ca. 100g: 74 kcal; 310 kJ; 2g E; 2g F; 13g KH)

300 g	verträgliche Früchte	5 ML	Alfaré
2 g	Nestargel (oder Biobin)	60 ml	verträglicher Fruchtsaft
	Traubenzucker (Menge nach Geschmack)		

Früchte vorbereiten: waschen, eventuell schälen und entkernen, in kleine Stücke schneiden. Dann pürieren und schaumig schlagen. Zum Andicken Nestargel untermischen und mit dem Traubenzucker süßen. Alfaré mit dem Saft verrühren und die pürierten Früchte untermischen. In Formen gefüllt etwa 3 Stunden gefrieren lassen. 30 Minuten vor dem Servieren aus dem Kühlschrank nehmen.

Rote Grütze (für 2 Personen)

(1 Portion ca. 400g: 491 kcal; 2047 kJ; 2g E; 1g F; 118g KH)

200 g	entsteinte Pflaumen		es können auch anteilig Aprikosen, Süßkirschen, Weintrauben verwendet werden
200 g	Birnen (geschält und ohne Gehäuse)	140 g	Tapioka-Sago
200 g	süße Äpfel (geschält und ohne Gehäuse)	50 g	Traubenzucker

Das kleingeschnittene Obst mit 4 Eßlöffel Wasser 2 Minuten kochen lassen. Früchte in einem Sieb abtropfen, den Saft auffangen und mit Wasser auf eine Menge von 400 ml auffüllen. Den Saft aufkochen, Tapioka-Sago einstreuen und 5 Minuten unter ständigem Umrühren kochen lassen, Traubenzucker dazugeben. Die gedünsteten Früchte in den noch heißen Tapioka-Sago einrühren. Die Masse ausquellen lassen und kalt stellen.

Schoko-Eis am Stiel (für 2 Personen)

(1 Portion ca. 90g: 177 kcal; 741 kJ; 4g E; 4g F; 31g KH)

3 ML	Alfaré	40 g	Traubenzucker
90 ml	Wasser	20 g	Carob
		20 g	Kakao-Pulver

Alle Zutaten gut miteinander vermischen und im Tiefkühlfach, entweder in einem Eiswürfelbehälter oder in Eis-am-Stiel-Formen (als Plastikformen im Handel) so lange gefrieren lassen, bis die Schoko-Masse fest ist.

Avocadocreme (für 2 Personen)

(1 Portion ca. 60g: 126 kcal; 527 kJ; 1g E; 12g F; 3g KH)

1	Avocado	1 TL	Traubenzucker
1 EL	verdünnter Essigessenz		(oder Apfel- oder Birnendicksaft)

Avocado halbieren, Kern entfernen, Fleisch aus der Schale heben und im Mixer pürieren. Essig und Traubenzucker untermischen.

Mit Blaubeeren, Birnen, Äpfeln oder Aprikosen als Dessert servieren.

Gefüllte Bratäpfel (für 2 Personen)

(1 Portion ca. 160g; 104 kcal; 431 kJ; 1g E; 23g KH)

2	Äpfel	1 EL	ungeschwefelte Sultaninen
20 g	Reis (oder Quinoa)	1 TL	Apfeldicksaft
		Etwas	Pflanzenöl

Äpfel waschen, Stiel und Blütenansatz abschneiden, Kernhaus mit dem Apfelausstecher vorsichtig entfernen. Den Reis laut Packungsanweisung garen und mit den Sultaninen und dem Apfeldicksaft vermischen. Masse in die Äpfel drücken. Feuerfeste Form mit Öl auspinseln und die Äpfel hineinsetzen. Etwas Wasser angießen. Auf der mittleren Schiene bei 225 Grad ca. 25 Minuten backen.

Apfel-Blaubeer-Kompott (für 2 Personen)

(1 Portion ca. 175g: 110 kcal; 457 kJ; 1g E; 25g KH)

250 g	Äpfel	100 g	Blaubeeren
1–2 TL	Apfeldicksaft	1–2 TL	Traubenzucker
2 TL	verdünnter Essigessenz		
1 g	Nestargel		

Die Äpfel schälen, vierteln und entkernen, in Spalten schneiden. Mit Apfeldicksaft und 1 Teelöffel Essig weichdünsten, mit dem Nestargel andicken. Dann die Blaubeeren verlesen und waschen. Die Blaubeeren mit Traubenzucker und dem restlichen Essig einmal aufkochen lassen, mit Nestargel andicken. Beide Kompotte abkühlen lassen, schichtweise in eine Schüssel füllen und kalt stellen.

Flammeri (für 1 Person)

(1 Portion ca. 150g: 139 kcal; 580 kJ; 3g E; 4g F; 23g KH)

3 1/2 ML	Alfaré	2 TL	Mais-, Reis- oder Kartoffelstärke
100 ml	Wasser	1 TL	Traubenzucker

Alle Zutaten kalt verrühren, unter ständigem Rühren kurz aufkochen lassen. In Puddingschalen füllen, mit verträglichem Obst garniert servieren.

Schokolade, selbstgemacht

(1 Portion ca. 25g: 69 kcal; 288 kJ; 1g E, 3g F; 10g KH)

20 g	Karob	90 ml	Wasser
20 g	Kakao, entölt	10 ML	Alfaré
70 g	Traubenzucker	1 EL	Diestelöl
		4 g	Nestargel

Alle Zutaten sehr gut vermischen. Messerrückendick auf ein mit Backpapier ausgelegtes Blech streichen. Den Ofen auf 150 Grad vorheizen. Bei leicht geöffneter Ofentür 60 Minuten trocknen lassen. Nach etwa der Hälfte der Backzeit mit einem Kuchenrädchen Schokoladenriegel einreißen. Die ausgekühlte Schokolade in Stanniolpapier einpacken und hübsch mit buntem Papier oder Bändchen verzieren. Kann man sehr gut als kleines Geschenk verwenden.

Traubenzucker-Bruch

(Rezeptmenge 50g: 200 kcal; 837 kJ; 50g KH)

50 g	Traubenzucker

Traubenzucker mit sehr wenig Wasser sehr dick anrühren. Falls die Masse zu dünnflüssig ist, noch etwas Traubenzucker einrühren, damit der Bruch fest wird. Die Masse messerrückendick auf Backpapier ausstreichen, kaltstellen. Nach dem Erstarren die Masse in beliebige Stücke zerbrechen.

Variationen:

- Einige Tropfen Apfel- oder Birnendicksaft und Essig geben dem Bruch einen frischen Geschmack. Entsprechend weniger Wasser verwenden.
- Einige Tropfen Rote-Bete- oder Spinatsaft färben wirkungsvoll ein. Auch hier entsprechend weniger Wasser verwenden.
- 2 TL entölter Kakao in die Traubenzuckerpaste geben. Ergibt einen vorzüglichen Schokoladenbruch.

Popcorn, selbstgemacht (für 1 Person)

(1 Portion ca. 50g: 184 kcal; 794 kJ; 6g E; 2g F; 38g KH)

50 g	Maiskörner (im Handel als Popcorn ohne Zusätze erhältlich)	Traubenzucker bzw. Jod- oder Meersalz

Die Maiskörner in einem großen heißen Topf zugedeckt aufplatzen und aufquellen lassen. Damit die Maiskörner nicht anbrennen, den Topf ab und zu hin und her schütteln.

Vorsicht: Beim Öffnen des Deckels schießen die Maiskörner wie Schrotkugeln durch die Küche. Deshalb den Deckel geschlossen lassen, damit keine Verbrennungen entstehen können.

Das Popcorn kann man mit Traubenzucker oder mit Salz bestreut essen.

2.4 Salate und Zwischenmahlzeiten

Bohnensalat (für 2 Personen)

(1 Portion ca. 180g: 117 kcal; 489 kJ; 4g E; 5g F; 12g KH)

300 g	Brech- oder Wachsbohnen (frisch oder tiefgekühlt)	2 EL	verdünnter Essigessenz
1/2	Gemüsezwiebel		Traubenzucker
			Jod- oder Meersalz
			Weißer Pfeffer
		1 EL	Sonnenblumenöl
		1 TL	gehackte Petersilie (oder Dill)

Die Bohnen putzen und mit 4 Eßlöffeln Wasser kernig weich dünsten. Tiefgefrorene Bohnen nach Packungsanweisung garen. Die Zwiebel in sehr feine Würfel schneiden. Aus Essig, Traubenzucker, Salz, Pfeffer und Öl eine Marinade zubereiten. Zwiebelwürfel und die Bohnen unter die Marinade mischen. Über Nacht durchziehen lassen.

Mit gehackter Petersilie (oder Dill) bestreut zu Kartoffelpuffern oder gebratenem Fleisch servieren.

Steckrübensalat (für 2 Personen)

(1 Portion ca. 200g: 128 kcal; 536 kJ; 3g E; 7g F; 13g KH)

200 g	Steckrüben		Weißer Pfeffer
3 ML	Alfaré	2 TL	Sonnenblumenöl
90 ml	Wasser	1 TL	gehackte Petersilie
1 g	Nestargel	1 TL	feingeschnittenen
1 TL	verdünnter Essigessenz		weißen Teil vom Lauch
	Knoblauchgranulat		
	Jod- oder Meersalz		

Steckrüben schälen und raspeln. Salatsoße aus Alfaré, Wasser, Nestargel, Essig, Gewürzen und Sonnenblumenöl herstellen. Steckrübenraspel in die Salatsoße einmischen und durchziehen lassen. Petersilie und Lauch darüberstreuen.

Rote-Bete-Salat mit Apfel (für 2 Personen)

(1 Portion ca. 240g: 150 kcal; 625 kJ; 3g E; 6g F; 19g KH)

1	Apfel		Weißer Pfeffer
1	Knolle Rote Bete		Jod- oder Meersalz
3	Frühlingszwiebeln (oder	1/2 TL	Traubenzucker
1	kleine Gemüsezwiebel)	2 TL	Sonnenblumenöl
1 TL	verdünnter Essigessenz	1 1/2 ML	Alfaré
		40 ml	Wasser
		100 g	Feld- oder grüner Salat

Apfel schälen und entkernen, Rote Bete waschen und schälen, beide grob raspeln. Zwiebel in feine Würfel schneiden. Aus Essig, Pfeffer, Salz, Zucker, Öl, Alfaré und Wasser eine Marinade rühren. Die Zwiebelwürfel dazugeben und mit Rote-Bete- und Apfelraspeln gut vermischen. Den Blattsalat waschen, trockenschleudern und auf Portionstellern anrichten. Rote-Bete-Salat darauf verteilen.

Gemischter Salat (für 2 Personen)

(1 Portion ca. 180g: 137 kcal; 573 kJ; 3g E; 10g F; 7g KH)

1	kleiner Kohlrabi		Weißer Pfeffer
100 g	Karotten	2 EL	Sonnenblumenöl
1	kleiner grüner Salat		Knoblauchgranulat
1 TL	verdünnter Essigessenz	1 Bd	Petersilie
	Jod- oder Meersalz		

Gemüse waschen, schälen, in dünne Stifte schneiden. Den Salat waschen, trockenschleudern, in sehr feine Streifen schneiden. Petersilie waschen und fein hacken. Salat und Petersilie locker mischen. Aus Essig, Salz, Pfeffer, Öl und Knoblauch eine Soße herstellen. Kohlrabi- und Karottenstifte unterziehen. Salat darin wenden. Portionsweise auf Tellern anrichten. Gemüse auf dem Salat verteilen.

Zucchini-Karotten-Salat (für 2 Personen)

(1 Portion ca. 280g: 133 kcal; 557 kJ; 3g E; 6g F; 17g KH)

200 g	Zucchini	1 TL	Birnen- oder Apfeldicksaft
200 g	Karotten		Jod- oder Meersalz
1	Apfel (oder Birne, Wassermelone, Pflaumen)		Weißer Pfeffer
		1 EL	Sonnenblumenöl
1 TL	verdünnter Essigessenz		Petersilie
			Schnittlauch

Zucchini waschen, putzen, raspeln, salzen und beiseite stellen. Karotten putzen, in feine Scheiben schneiden, mit 2 Eßlöffeln Wasser kernig weich dünsten und kalt werden lassen. Apfel schälen, entkernen, in Scheiben schneiden. Essig, Dicksaft, Salz, Pfeffer und Öl verquirlen, die Zucchini kurz ausdrücken und mit Karotten, Apfel und Soße gut vermischen. Kräuter hacken und darüberstreuen.

Chicorée-Salat mit Apfel (für 2 Personen)

(1 Portion ca. 260g: 135 kcal; 565 kJ; 4g E; 7g F; 13g KH)

200 g	Chicorée		verdünnter Essigessenz
2	süße Äpfel (Delicious,		Maggi flüssig
	Cox Orange, Gravensteiner		Jod- oder Meersalz
	oder Jonathan)		Weißer Pfeffer
1	Weißer Teil vom Lauch	3 ML	Alfaré
	Dill, feingeschnitten	90 ml	Wasser
	Sonnenblumenöl		
	Apfeldicksaft		

Vom Chicorée den bitteren Strunk entfernen, waschen, in schmale Streifen schneiden. Äpfel schälen, entkernen und würfeln. Lauch waschen und in feine Ringe schneiden. Aus Dill, Öl, Apfeldicksaft, Essig, Maggi, Salz, Pfeffer und Alfaré und Wasser eine Marinade herstellen. Mit Chicorée und den Äpfeln vermischen.

(Zutaten je nach Verträglichkeit austauschen oder weglassen.)

Obst-Gemüse-Salat (für 2 Personen)

(1 Portion ca. 320g: 319 kcal; 1336 kJ; 4g E; 19g F; 33g KH)

200 g	Blaubeeren		Jod- oder Meersalz
	(frisch oder tiefgekühlt)		Weißer Pfeffer
2	Birnen		Birnendicksaft
1	Avocado		Knoblauchgranulat
1 1/2 EL	verdünnter Essigessenz	Evtl.	Maggi flüssig
1	Stange Lauch (unterer weißer Teil)	3 ML	Alfaré
2	Karotten	90 ml	Wasser
2 EL	Sonnenblumenöl		Petersilie
			Dill nach Geschmack

Blaubeeren verlesen und waschen (oder nach Packungsanweisung auftauen). Birnen schälen und das Kernhaus entfernen. Avocado entkernen und schälen. Birnen und Avocado in Scheiben schneiden. Avocadoscheiben mit etwas Essig beträufeln, sie werden sonst braun. Den weißen Teil des Lauchs in feine Ringe schneiden und waschen. Die Karotten putzen und raspeln. Obst und Gemüse miteinander vermischen. Die Marinade aus Öl, restlichem Essig, Salz, Pfeffer, Dicksaft, Knoblauchgranulat, Maggi, Alfaré und Wasser zubereiten und über die Obst-Gemüsemischung geben. Mit gehackter Petersilie und Dill garnieren.

Dieser Salat schmeckt gut zu Reis, Bratkartoffeln und Fleisch.

Chicorée-Salat mit Banane und Apfel

(für 2 Personen)

(1 Portion ca. 260g; 177 kcal; 740 kJ; 3g E; 7g F; 25g KH)

2	Chicorée	2 TL	Apfeldicksaft
1	Banane	1 Bd	Dill
1	Apfel	1 EL	Sonnenblumenöl
3 ML	Alfaré		Jod- oder Meersalz
90 ml	Wasser		Weißer Pfeffer

Den Chicorée waschen und den bitteren Strunk entfernen, in breite Ringe schneiden. Banane schälen und in nicht zu dünne Scheiben schneiden. Den Apfel schälen, entkernen und klein schneiden. Das Obst mischen und zum Chicorée geben. Aus Alfaré, Wasser, Dicksaft, Dill, Öl, Salz und Pfeffer eine Marinade herstellen und über den Salat geben, vorsichtig untermischen, den gehackten Dill über den Salat streuen.

2.5 Abendessen

Brotbelag für Nahrungsmittel-Allergiker

- Bei Rindfleischverträglichkeit jede Art von Rinderbraten, Rindersaftschinken, gekochtes Rindfleisch, Bündner Fleisch, reine Rindersalami und Roastbeaf als Aufschnitt.
- Hühnerfleisch gekocht, gebraten, in feine Scheiben geschnitten, Putensalami, Putenbrust geräuchert oder naturell. Von der Putenbrust gegebenenfalls den Paprikarand entfernen.
- Lammfleisch, gebraten oder gekocht, Lammsalami, Lammschinken.

Aus verträglichem Fleisch und Gemüse kann man sehr gut Sülze herstellen:
Dafür die Fleisch- oder Gemüsestücke waschen und kurz in kochendem Salzwasser mit Nestargel andicken (z. B. 200 Gramm Fleisch und/oder Gemüse kleingeschnitten, 200 Milliliter Salzwasser, 8 Gramm Nestargel). Fertige Sülze kalt stellen. Aufgeschnitten ist sie gut geeignet als Brotbelag oder Beilage zu Pommes frites, Bratkartoffeln, Pellkartoffeln und Folienkartoffeln.

Leberpastete

(1 Portion ca. 30g: 140 kcal; 586 kJ; 3g E; 14g F)

200 g	Geflügelleber		Majoran, getrocknet
2 EL	Sonnenblumenöl		Thymian, getrocknet
	Jod- oder Meersalz		Knoblauchgranulat
	Weißer Pfeffer	200 g	milcheiweißfreie Margarine

Die Leber waschen, trockentupfen, in dünne Scheiben schneiden. Öl in der Pfanne erhitzen und die Leberscheiben vorsichtig anbraten. Mit Salz, Pfeffer, Majoran, Thymian und Knoblauch würzen. Die Leber sollte nicht braun werden und innen rosa bleiben. Den Bratfond mit sehr wenig Wasser ablöschen. Die Leber entweder im Mixer zerkleinern oder durch den Fleischwolf drehen, den Bratfond dazugeben. Dann den Fleischbrei durch ein Haarsieb streichen, die Margarine sorgfältig unter die Pastete mischen, nochmals abschmecken und eventuell nachwürzen. Die Pastete eignet sich gut als Brotbelag.

Folienkartoffeln (für 2 Personen)

(1 Portion ca. 270g (mit Soße): 191 kcal; 800 kJ; 6g E; 4g F; 35g KH)

4	mittelgroße Kartoffeln
1	Grundsoße 2, verfeinert mit Zucchini oder Gurke

Kartoffeln waschen und ungeschält in Alufolie wickeln. Auf dem Backblech im auf 200 Grad vorgeheizten Ofen 30 bis 40 Minuten auf der mittleren Schiene backen. Nach dem Garwerden Folien öffnen, Kartoffeln aufbrechen und mit einer Zucchini-Soße (siehe Rezept Seite 52, „Grundsoße 2" mit Zucchini oder Gurke) servieren. Oder vorbereiteten Tofu als Beilage dazu geben.

Grüner Salat mit Leber (für 2 Personen)

(1 Portion ca. 230g: 306 kcal, 1279 kJ; 24g E; 18g F; 8g KH)

1	kleiner Apfel	1 EL	verdünnter Essigessenz
1 1/2 EL	verdünnter Essigessenz		Weißer Pfeffer
1	kleiner Kopfsalat		Jod- oder Meersalz
1	Frühlingszwiebel	1 1/2 EL	Sonnenblumenöl
200 g	Leber (Lamm-, Rind-, Kaninchen- oder Geflügelleber)	20 g	milcheiweißfreie Margarine

Den Apfel schälen, vierteln, entkernen und in schmale Stifte schneiden, mit Weinessig beträufeln. Den Salat putzen, waschen, abtropfen lassen. Die Zwiebel putzen und in feine Ringe schneiden. Die Leber in schmale Streifen schneiden. Aus dem restlichen Essig, Pfeffer, Salz und 1 Eßlöffel Öl eine Salatsoße verrühren. Die Margarine und das restliche Öl in einer Pfanne heiß werden lassen. Die Leber und die Zwiebel 3 bis 4 Minuten unter Wenden bei etwas stärkerer Hitze braten und mit Pfeffer würzen. Die Salatblätter mit der Salatsoße vermischen und auf Portionsteller verteilen, die Leber dazugeben. Apfelstifte auf den Salatblättern verteilen.

Roh eingelegter Gemüsetopf (für 4 Personen)

(1 Portion ca. 260g: 404 kcal; 1689 kJ; 4g E; 33g F, 22g KH)

200 g	Rote Bete	2–3 EL	verdünnter Essigessenz
200 g	Kartoffeln		Jod- oder Meersalz
200 g	Äpfel (oder Birnen)		Apfel- oder Birnendicksaft
1	Stange Lauch	125 ml	Sonnenblumenöl
3 ML	Alfaré	1 Bd	Dill
90 ml	Wasser	100 g	Gemüsezwiebelringe
			Grüner Salat zum Garnieren

Rote Bete putzen und kochen, abschrecken, schälen und in Würfel schneiden. Kartoffeln waschen, kochen, schälen, würfeln. Äpfel (oder Birnen) schälen, Kernhaus entfernen, in dünne Spalten schneiden. Lauch in Ringe schneiden und waschen. Alles mischen und in ein hohes Glas einfüllen. Alfaré, Wasser, Essig, Salz, Dicksaft, Öl, gehackten Dill und Gemüsezwiebelringe zu einer Marinade verrühren, über das Gemüse gießen. 3 Tage durchziehen lassen. Gut verschließen und kühl aufbewahren. Zum Servieren auf grünem Salat anrichten.

Tofuquark, süß oder herzhaft (für 2 Personen)

(1 Portion ca. 200g: 268 kcal; 1122 kJ; 6g E; 18g F; 19g KH)

	Süß:		**Herzhaft:**
250 g	Tofu	250 g	Tofu
	Sojamilch nach Bedarf		Sojamilch nach Bedarf
	Traubenzucker bzw.	1	kleine Zwiebel
	Apfel- oder Birnendicksaft	100 g	Salatgurke
	verträgliches Obst	1 Bd	Schnittlauch
			Jod- oder Meersalz
			Weißer Pfeffer
			Knoblauchgranulat

Süß: Tofu im Mixer zerkleinern und mit Sojamilch glattrühren. Je nach Geschmack mit Traubenzucker oder Dicksaft süßen. Mit dem pürierten oder feingeschnittenen Obst darüber als Dessert servieren.

Herzhaft: Tofu im Mixer zerkleinern und mit Sojamilch glattrühren. Zwiebel und Gurke putzen, fein würfeln und unterrühren. Schnittlauch in feine Röllchen schneiden und zum Tofu geben. Mit Salz, Pfeffer und Knoblauchgranulat würzen und als Brotaufstrich servieren.

Tofu-Dip zu Pellkartoffeln (für 2 Personen)

(1 Portion ca. 200g: 268 kcal; 1122 kJ; 6g E; 18g F; 19g KH)

200 g	Kartoffeln		Jod- oder Meersalz
100 g	Tofu		Weißer Pfeffer
3 EL	Sonnenblumenöl	10 g	Gemüsezwiebeln
1 1/2 ML	Alfaré		(oder Frühlingszwiebeln)
50 ml	Wasser		Petersilie
			verdünnter Essigessenz

Kartoffeln waschen, dämpfen, schälen. Tofu mit Öl, Alfaré, Wasser, Salz und Pfeffer im Mixer vermischen. Feingewürfelte Zwiebeln und feingehackte Kräuter untermengen. Zum Schluß mit etwas Essig abschmecken.

Spinatsalat mit geräuchertem Fleisch

(für 2 Personen)

(1 Portion ca. 120g: 216 kcal, 905 kJ; 12g E; 18g F)

100 g	frischer Blattspinat		Weißer Pfeffer
50 g	Champignons		Jod- oder Meersalz
1 EL	verdünnter Essigessenz	3 EL	Sonnenblumenöl
		50 g	Bündner Fleisch (ersatzweise geräucherte Putenbrust oder Rindersaftschinken)

Den Spinat von den groben Stielen zupfen, waschen und in mundgerechte Stücke zerpflücken. Champignons putzen, nur wenn nötig waschen und in dünne Scheiben schneiden. Aus Essig, Pfeffer, Salz und Öl eine Salatsoße rühren. Mit Spinat und Pilzen in einer Schüssel vermischen. Den Salat und das Fleisch auf Portionstellern anrichten.

Nudelsalat (für 2 Personen)

(1 Portion ca. 200g: 164 kcal; 688 kJ; 6g E; 6g F; 21g KH)

100 g	kurze Nudeln (aus Mais-, Soja-, Roggen-, Weizenmehl)	1 ML	Alfaré
	Jod- oder Meersalz	40 ml	Wasser
50 g	grüne Erbsen	1 EL	Sonnenblumenöl
100 g	Karotten	1 TL	verdünnter Essigessenz
100 g	Gemüsezwiebeln (oder Frühlingszwiebeln oder den weißen Teil vom Lauch)		Petersilie
			Schnittlauch
			Dill oder Kerbel

Nudeln nach Anweisung auf der Packung kochen. Tiefkühlerbsen auftauen lassen, frische Erbsen palen. Karotten putzen, schälen, in sehr dünne Scheiben schneiden. Frühlingszwiebeln putzen, in feine Streifen schneiden. Karotten und Zwiebeln mit den gekochten Nudeln vermischen. Erbsen mit etwas Wasser dünsten und pürieren. Alfaré mit Wasser anrühren und mit Öl zum Erbsenpüree geben und gut verrühren. Die Erbsensoße mit Salz und Essig abschmecken, unter den Salat mischen. Kurz durchziehen lassen. Mit den gehackten Kräutern vermischen.

Avocado mit Apfel (für 2 Personen)

(1 Portion ca. 260g: 344 kcal; 1440 kJ; 3g E; 22g F; 28g KH)

1	Avocado	2 EL	Apfel- oder Birnendicksaft
1	Apfel (oder Birne, Pflaumen, Wassermelone)	1 EL	verdünnter Essigessenz
		1 Bd	Kerbel (oder Schnittlauch)
1	Karotte (oder Pastinakenwurzel)	1 TL	ungeschwefelte Sultaninen

Avocado schälen, halbieren, Kern entfernen, Fruchtfleisch in dünne Scheiben schneiden und auf Portionstellern anrichten. Apfel (oder anderes Obst) waschen, schälen, halbieren, Kerngehäuse entfernen, in schmale Spalten schneiden und auf den Avocados anrichten. Karotte putzen, grob über den Salat raspeln. Apfel- oder Birnendicksaft mit dem Essig verrühren, über den Salat träufeln. Mit den gehackten Kräutern garnieren. Die Sultaninen darüberstreuen.

Dazu passen Blini, Maisfladen, Maisbrötchen, Roggenknäcke, Weizenbrot.

2.6 Kuchen und Gebäck

Obstkuchen aus Maismehl (16 Stück)

(1 Stück ca. 140g: 262 kcal, 1098 kJ; 5g E, 3g F; 53g KH)

750 g	Maismehl	1 kg	Äpfel (oder Birnen, Pflaumen)
2 Pack	Trockenhefe	1 – 3 EL	Sonnenblumenöl
150 g	Traubenzucker	Evtl.	milcheiweißfreie Margarine für das Blech
4 ML	Nestargel		Sultaninen, ungeschwefelt

Mehl, Hefe, Zucker und Nestargel vermischen, so viel lauwarmes Wasser hinzugeben, bis ein weicher geschmeidiger Teig entsteht. Den Teig 30 bis 45 Minuten an einem warmen Ort gehen lassen.

Inzwischen das Obst waschen, schälen und in Spalten schneiden. Dann 1 bis 3 Eßlöffel Sonnenblumenöl zu dem gegangenen Hefeteig geben und gut unterkneten. Den Teig auf ein mit Margarine gefettetes oder mit Backpapier belegtes Backblech geben und mit dem vorbereiteten Obst belegen. Über das Obst Traubenzucker und ungeschwefelte Sultaninen geben und 30 bis 45 Minuten bei 175 Grad backen.

Variationen:

– Kleingeschnittenes Obst mit dem Hefeteig vermischen und in einer Kastenform backen.

– Entölten Kakao unter den Hefeteig mischen als eine Art Marmorkuchen.

– Am Abend zuvor kleingeschnittenes verträgliches, ungeschwefeltes Trockenobst einweichen und vor dem Backen unter den Hefeteig mengen.

Topfkuchen (8 Stück)

(1 Stück – ohne Belag – ca. 35g: 101 kcal; 423 kJ; 3g E; 3g F; 16g KH)

15 g	milcheiweißfreie Margarine	2 ML	Alfaré
25 g	entölter Kakao (oder Karob)	4 EL	Wasser
50 g	Traubenzucker	90 g	verträgliches Mehl
3 g	Nestargel	1 g	Hirschhornsalz
60 g	Tofu	1 EL	Sonnenblumenöl (für die Form)
		Evtl.	verträgliches Obst

Margarine, Kakao, Traubenzucker, Nestargel, Tofu im Mixer schaumig schlagen. Alfaré mit Wasser mischen und mit Mehl und Hirschhornsalz unter den Teig rühren. Teig in eine gefettete Gugelhupfform geben und bei mittlerer Hitze auf der mittleren Schiene bei 175 Grad ca. 40 bis 45 Minuten backen.

Mit Obstbelag: Teig wie oben beschrieben zubereiten, zum Backen aber in eine gefettete Springform geben. Dann wie angegeben backen. Als Belag Kompotte von verträglichen Obstsorten verwenden oder Pürees aus frischen Früchten, die man mit Nestargel andicken kann.

Kekse (12 Stück)

(1 Stück ca. 27g: 117 kcal; 488 kJ; 1g E; 7g F; 12g KH)

150 g	verträgliches Mehl	Evtl.	Traubenzucker (für die Creme)
100 g	milcheiweißfreie Margarine	Evtl.	Rote-Bete- oder Spinatsaft (zum Einfärben)
30 g	Traubenzucker	Evtl.	entölter Kakao (oder Karob)
1 ML	Alfaré	Evtl.	milcheiweißfreie Margarine
4 EL	Wasser		
1 EL	Sonnenblumenöl		

Mehl, Margarine, Zucker, Alfaré und Wasser vermischen, durchkneten. Teig 20 Minuten kalt stellen. Aus dem Teig eine Rolle formen, kleine Scheiben abschneiden und auf ein mit Öl gefettetes Blech legen. 10 Minuten bei 170 Grad auf der mittleren Schiene backen.

Variationen:

- Die Kekse mit Traubenzuckercreme (siehe Rezept Seite 99, „Traubenzucker-Bruch") bestreichen.
- Teig einfärben mit Rote-Bete- oder Spinatsaft.
- Eine Karob- oder entölte Kakaocreme (siehe Rezept Seite 94) zwischen die Kekse geben und diese als Doppeldecker servieren.

Alfaré-Plätzchen (8 Stück)

(Rezeptmenge: 241 kcal; 1005 kJ; 8g E; 12g F; 26g KH)

10 ML	Alfaré	Wenig	Wasser
		Evtl.	Traubenzucker oder entölter Kakao

Alfaré mit sehr wenig Wasser vorsichtig auflösen. Eventuell Traubenzucker oder Kakao dazugeben. Auf Backpapier 8 Plätzchen setzen. Im auf 150 Grad vorgeheizten Ofen auf der mittleren Schiene 25 Minuten backen. Erkalten lassen. Die Ofentür sollte einen Spalt weit offen stehen, damit die Dämpfe abziehen können.

Sollten die Plätzchen nach dem Backen eine Lufthaube bekommen haben, kann man sie eindrücken.

Soja-Plätzchen (25 Stück)

(1 Stück ca. 60g: 114 kcal; 478 kJ; 8g E; 4g F, 10g KH)

1 kg	Tofu (Sojaquark)	200 g	Traubenzucker
300 g	Sojaschrot		
4 g	Nestargel		

Den Tofu grob mit der Gabel zerdrücken, mit 250 Gramm Schrot und Nestargel vermischen und in einer beschichteten Pfanne ohne Fett leicht anbräunen. Die Masse auf ein mit kaltem Wasser abgespültem Backblech geben und glattstreichen. Traubenzucker darüberstreuen. 15 Minuten bei 125 Grad auf der mittleren Schiene im Ofen backen. Danach das Backblech aus dem Ofen nehmen und restlichen Sojaschrot über den Teig streuen. Weitere 10 Minuten backen. Vierecke schneiden und die Plätzchen vom Blech lösen. Eventuell mit Traubenzucker nachsüßen.

Waffeln (12 Stück)

(1 Waffel ca. 60g: 215 kcal; 910 kJ; 3g E; 12g F; 22g KH)

125 g	milcheiweißfreie Margarine	10 g	Nestargel
ca. 50 g	Traubenzucker	4 ML	Alfaré
250 g	Weizenmehl Typ 405 (oder ersatzweise Mais-, Quinoa-, Roggen-, Hafer- oder Sojamehl)	250 ml	Wasser
			Öl für das Waffeleisen

Die Margarine mit 25 Gramm Traubenzucker schaumig schlagen, dann nach und nach das Mehl und Nestargel daruntermischen. Alfaré mit Wasser anrühren und vorsichtig nur so viel unter den Teig mischen, daß der Teig gerade anfängt dünnflüssig zu werden. Den Teig etwa 10 Minuten zum Ausquellen ruhenlassen. Nicht zu große Mengen Teig in das gut erhitzte und gefettete Waffeleisen füllen und goldbraun backen. Die fertigen Waffeln mit Traubenzucker bestreut servieren. Die Waffeln möglichst frisch servieren, da sie schnell weich werden. Dazu paßt frisches verträgliches Obst (Apfel, Birne, Banane, Wassermelone, Blaubeeren, Weintrauben usw.) oder Kompott aus verträglichen Früchten.

Makronen (ca. 17 Stück)

(1 Stück ca. 20g; 60 kcal; 252 kJ; 1,6g E; 1g F; 11g KH)

100 g	kernige Köllnflocken	1 Prise	Salz
100 g	Schmelzflocken	150 ml	Wasser
50 g	Traubenzucker (oder Süßstoff nach Geschmack)	3 ML	Alfaré

Kernige Köllnflocken mit dem Wasser einmal aufkochen. Gut umrühren, setzt sich sonst im Topfboden ab!

Schmelzflocken, Alfaré und Salz dazu, verrühren.

Auf ein mit kaltem Wasser abgespültes Backblech Makronenhäufchen setzen.

Backofen 10 Minuten auf 180 – 200 Grad vorheizen. Auf der mittleren Schiene 30 Minuten knusprig backen.

Dazu paßt sehr gut die Kakaocreme von Seite 47.

2.7 Brot, Brötchen und Fladen

Sauerteig

250 g	Roggen-, Weizen-, Mais- oder Gerstenmehl	15 g	frische Hefe oder 4 g Trockenhefe
		60 ml	lauwarmes Wasser

Hefe und Wasser vermischen (Trockenhefe vorm Weiterverarbeiten ca. 5 Minuten ruhenlassen, damit die Hefe sich auflöst). Das Mehl auf die Hefe-Wassermischung streuen und zu einem dickflüssigen Teig verarbeiten. Alles in eine Schale geben, mit Folie abdecken und bei Zimmertemperatur 24 Stunden stehenlassen, bis der Sauerteig Blasen wirft. 3 weitere Tage stehen lassen – er wird dann würziger!

Sauerteig dient als Grundlage für Brot und wird zum Brotbacken zusammen mit Mehl verarbeitet. Dafür 4 Teile Mehl auf 1 Teil Sauerteig nehmen, das entspricht 400 g Mehl plus 100 g Sauerteig.

Wird der Teig nicht völlig aufgebraucht, sollte wieder soviel Mehl und Wasser zugefügt werden, daß die alte Konsistenz entsteht. So kann der Teig eine Woche im Kühlschrank aufbewahrt werden.

Buchweizen- oder Roggenbrot

(1 Scheibe Buchweizenbrot ca. 45g: 123 kcal; 513 kJ; 3g E; 1g F; 23g KH)
(1 Scheibe Roggenbrot ca. 45g: 97 kcal; 408 kJ; 3g E; 1g F; 18g KH)

750 g	Buchweizen- oder Roggenschrot	1 Pr	Jod- oder Meersalz
2 Pack	Trockenhefe	2 EL	Sonnenblumenöl

Das geschrotete Getreide mit Hefe und Salz verkneten, so viel lauwarmes Wasser zugeben, daß ein fester geschmeidiger Teig entsteht. Den Teig 30 Minuten gehen lassen, dann den Teig nochmals gut verkneten und in eine mit dem Öl gefettete Kastenform geben. Den Teig in der Form nochmals kurz gehen lassen und im vorgeheizten Backofen bei 175 Grad ca. 60 Minuten backen.

Oder: Brötchen formen und auf ein mit Wasser abgespültes Backblech setzen und 20 Minuten bei 175 Grad backen.

Maisbrot

(1 Scheibe ca. 45g: 112 kcal; 470 kJ; 3g E; 22g KH)

500 g	Maismehl	2 Pr	Jodsalz (herzhaftes Brot) oder 2 TL Traubenzucker (süßes Brot)
2 Pack	Trockenhefe		
200 – 250 ml	lauwarmes Wasser		

Die Zutaten zu einem festen, aber geschmeidigen Teig verkneten. 30 Minuten gehen lassen. Den Teig in eine mit kaltem Wasser abgespülte Kastenform füllen und ca. 30 Minuten auf der mittleren Schiene bei 150 Grad backen.

Quinoabrot

(1 Scheibe ca. 50g: 156 kcal; 651 kJ; 5g E; 4g F; 23g KH)

4 ML	Alfaré	3 EL	Sonnenblumenöl
200 – 250 ml	lauwarmes Wasser	500 g	gemahlenes Quinoa (man kann sich die Quinoakörner im Reformhaus zu Mehl mahlen lassen)
2 Pack	Trockenhefe		Fett für die Form
$1\frac{1}{2}$ EL	Traubenzucker		
1 Pr	Jod- oder Meersalz		

Alfaré mit Wasser anrühren und die Hefe und $\frac{1}{2}$ Eßlöffel Traubenzucker mit 5 Eßlöffeln davon verrühren. 300 Gramm Quinoamehl in eine Rührschüssel geben, in die Mitte eine Vertiefung drücken und die aufgelöste Hefe hineingeben. Mit etwas Mehl $\frac{1}{2}$ Zentimeter dick bestreuen. Den restlichen Traubenzucker, Salz und Öl auf dem Rand des Mehls verteilen, warm stellen. Wird das Mehl über der Hefe stark rissig, verrührt man von der Mitte her die Hefe mit dem Mehl und den anderen Zutaten und gibt nach Bedarf die übrige Alfaré-Lösung hinzu. Den Teig so lange schlagen, bis er Blasen wirft. Dann das restliche Mehl darunterkneten. Wenn der Teig klebt, noch etwas Mehl dazugeben. Der Teig sollte aber schön weich bleiben. Abermals den Teig an warmem Ort gehen lassen, bis er doppelt so hoch ist. Gut durchkneten. In eine gefettete Kastenform füllen, nochmals gehen lassen, dann erst backen. Den Ofen 5 Minuten auf 225 Grad vorheizen und auf der mittleren Schiene 20 bis 25 Minuten backen.

Dieser Hefeteig ist vielseitig zu verwenden. Man kann ihn auch mit allen anderen verträglichen Mehlen zubereiten.

Variationen:

- Eine Teighälfte mit beliebiger Menge entöltem Kakao mischen und schichtweise in die Form einfüllen.
- Ungeschwefeltes Trockenobst einweichen (z.B. Sultaninen, Äpfel, Birnen, Pflaumen, Bananen, Aprikosen), gut abtrocknen, würfeln und in verträglichem Mehl wälzen und in den Hefeteig einkneten. Ergibt einen Stollen.
- Brötchen daraus formen.
- Als Blechkuchen mit Obstbelag.
- „Apfel im Schlafrock": einen kleinen Apfel mit dem Hefeteig umhüllen und im Ofen gar backen.

Brot oder Brötchen aus Weizenmehl

(1 Scheibe ca. 45g: 148 kcal; 629 kJ; 1g E; 35g KH)

500 g	Weizenmehl Typ 405	1 Pr	Jod- oder Meersalz
1 Pack	Trockenhefe	1–2 EL	Distelkeimöl
250 ml	lauwarmes Wasser		(oder Sonnenblumenöl)

Alle Zutaten zu einem geschmeidigen Teig verkneten, dann ca. 30 Minuten gehen lassen. Das Distelöl bei Bedarf unterkneten, aus dem Teig Brötchen formen oder ihn in eine mit kaltem Wasser abgespülte Kastenform geben. Die Brötchen 15 bis 20 Minuten auf der mittleren Schiene bei 175 Grad backen. Das Brot 45 Minuten bei 175 bis 200 Grad backen.

Knäckebrot (8 Stück)

(1 Stück ca. 60g: 296 kcal; 1243 kJ; 14g E; 17g F; 22g KH)

225 g	Roggenmehl	1/2 TL	Meer- oder Jodsalz
225 g	Buchweizen- oder Sojaschrot	ca. 350 ml	lauwarmes Wasser
		1 EL	Sonnenblumenöl

In einer Schüssel Mehl, Schrot und Salz und so viel lauwarmes Wasser dazugeben, wie nötig, um einen weichen Teig herzustellen. 15 Minuten auf einer bemehlten Arbeitsfläche kräftig kneten. Den Teig mit Öl bestreichen und in der Schüssel mit feuchtem Tuch zugedeckt 2 Stunden ruhenlassen.

Danach den Teig in 8 gleich große Stücke schneiden. Die Stücke zu einer runden Teigplatte mit 25 Zentimeter Durchmesser ausrollen, mit einer Gabel mehrfach einstechen. In eine gußeiserne Pfanne, die sehr heiß sein muß, legen. Die Fladen backen, bis sie an der Unterseite braun werden, wenden, die andere Seite bräunen. Die Temperatur reduzieren und die Teigscheibe unter häufigem Wenden so lange backen, bis sie knusprig ist.

Knäckebrot kann mit oder ohne Fett in der Pfanne oder im Backofen gebacken werden.

Wenn das Knäckebrot auch im Ofen gebacken wird, den Backofen vorheizen (220 Grad) und etwa 20 Minuten backen, bis die Fladen knusprig sind.

Maisfladen (10 Stück)

(1 Fladen ca. 75g: 170 kcal; 708 kJ; 4g E; 0,6g F; 39g KH)

500 g	Maisgrieß	1 Pr	Jod- oder Meersalz

1 1/4 Liter Wasser mit dem Salz zum Kochen bringen, den Maisgrieß in das kochende Wasser einrieseln lassen, aufkochen. Aus dem Teig 10 Fladen auf ein mit kaltem Wasser abgespültes Blech streichen und ca. 15 Minuten auf der mittleren Schiene bei 125 bis 150 Grad goldgelb backen.

Variationen:

- Hirsefladen:
  Anstelle von Maisgrieß geschrotete Hirse verwenden.

- Reisfladen:
  Statt Mais grobgemahlenen Reis.

- Buchweizenfladen:
  Statt Mais geschroteten Buchweizen verwenden.

Haferkekse, salzig (8 Stück)

(1 Stück ca. 11g: 41 kcal; 172 kJ; 1g E; 1g F; 6g KH)

75 g	Hafermehl	1 Pr	Natron als Triebmittel
	Jod- oder Meersalz	1 TL	milcheiweißfreie Margarine

Hafermehl mit Salz und Natron in eine Schale geben. Margarine zerlassen und zusammen mit 8 bis 10 Milliliter heißem Wasser dazugeben, um einen weichen Teig herzustellen. Hafermehl auf die Arbeitsplatte streuen und mit einem Nudelholz sehr dünn ausrollen. Mit einem Topfdeckel eine runde Teigscheibe ausstechen. Die Scheibe wie eine Torte in 8 Stücke teilen und vorsichtig in eine heiße gußeiserne Pfanne gleiten lassen. Bei mittlerer Hitze backen, bis die Stücke sich an den Rändern aufwölben, dann auf ein Backblech legen und im vorgeheizten Backofen bei 180 Grad einige Minuten backen, bis sie knusprig sind.

Buchweizenfladen (ca. 20 Stück)

(1 Stück ca. 25g: 42 kcal; 177 kJ; 1g E; 0,2g F; 9g KH)

250 g	Buchweizenmehl (Mais, Hirse, Quinoa) grob geschrotet	350 ml	lauwarmes Wasser
		1 TL	Salz

Buchweizenmehl (Mais, Hirse, Quinoa) mit lauwarmen Wasser und Salz zu einem dickflüssigen Teig 30 Minuten ausquellen lassen.

Eine Gußeisenpfanne oder eine sehr hoch erhitzbare Pfanne sehr heiß werden lassen. Mit einem Eßlöffel flache Fladen formen und ohne Fett von beiden Seiten backen.

Nach dem ersten Backgang die Hitze um die Hälfte reduzieren.

Heidesand, süß oder herzhaft

(Rezeptmenge süß 415g: 1756 kcal; 7340 kJ; 24g E; 86g F; 213g KH)
(Rezeptmenge herzhaft 355g: 1516 kcal; 6338 kJ; 24g E; 86g F; 154g KH)

	Süß:		**Herzhaft:**
100 g	milcheiweißfreie Margarine	100 g	milcheiweißfreie Margarine
200 g	Mehl	200 g	Mehl

geeignet sind alle verträglichen Mehle wie Weizen, Roggen, Gerste. Mais. Hirse. Ouinoa

3 ML	Alfaré	3 ML	Alfaré
4 EL	Wasser	4 EL	Wasser
60 g	Traubenzucker		Jodsalz je nach Geschmack
		4 MSP	Knoblauchgranulat
		1 TL	Majoran
		1 TL	Thymian

Die Zutaten für die süße oder herzhafte Variante zu einem Teig verkneten und den Teig 30 Minuten kaltstellen. Nach dem Kühlen Rollen von ca. 25 cm Länge formen, Scheiben von ca. 1–2 cm Dicke abschneiden, etwas flach drücken. Das Ganze auf einem mit kaltem Wasser abgespülten Backblech im vorgeheizten Backofen bei 200 Grad auf mittlerer Schiene 15 Minuten backen.

IV. Kapitel

Allergenarme Vollwert-Ernährung bei Nahrungsmittel-Allergien

1 Warum Vollwert-Ernährung?

Bevor Sie dieses Kapitel mit falschen Vorstellungen angehen, sollten Sie wissen, was Vollwert-Ernährung überhaupt bedeutet. Das Wort „Vollwert“ beschreibt eine Nährstoffoptimierung, womit keine einseitige Kostform gemeint ist.

Die von tierischem Eiweiß freie Ernährung, die zur Zeit im Zusammenhang mit Nahrungsmittel-Allergien vermehrt empfohlen wird, hat mit der ernährungsphysiologisch begründbaren Vollwert-Ernährung nichts gemeinsam. Damit wird nicht Fleischgenuß propagiert. Auf Fleisch kann sicherlich verzichtet werden, sofern die Nahrung abwechslungsreich und zum Beispiel durch Milch und Eier ausgewogen ist.

Ein Argument für die Vollwert-Ernährung bei Allergien ist die eingeschränkte Nahrungsmittelauswahl:

Da die erlaubten Nahrungsmittel bei Nahrungsmittel-Allergien sehr begrenzt sind, sollten die Nahrungsmittel, die gegessen werden können, so beschaffen (d.h. vollwertig sein), daß sie den Nährstoffbedarf decken.

Ein weiterer wichtiger Grund, der für die Vollwert-Ernährung spricht, ist die Vermeidung von pseudoallergischen Reaktionen auf Zusatzstoffe, wie zum Beispiel Farb- und Konservierungsstoffe, Emulgatoren, Spritzmittel, Zucker und Zitrusfrüchte.

Werden häufig Fertigprodukte verzehrt, reagiert ein Allergiker oft, ohne genau zu wissen worauf. Mit diesem Kapitel wird versucht, trotz bestehender Nahrungsmitteleinschränkungen Gerichte vorzuschlagen, die genügend Nährstoffe liefern und dabei gleichzeitig schmackhaft sind.

1.2 Wie kann eine Vollwert-Ernährung bei Nahrungsmittel-Allergien durchgeführt werden?

Handelt es sich bei der gelockerten Neurodermitis-Ernährung um eine Diät?

Verschlechtert sich der Zustand der Haut durch Zusätze in den Nahrungsmitteln, wie Farbstoffe, Konservierungsstoffe oder ähnliches und bessert er sich durch Weglassen dieser Zusätze, so handelt es sich sicherlich nicht um eine Diät, sondern vielmehr um eine gesunde Ernährungsweise.

Sind jedoch Milch, Milchprodukte, Eier, Getreide oder Fleisch die Übeltäter, die daher vom Ernährungsplan gestrichen sind, so kann man schon von einer Diät sprechen, denn einerseits ist das Weglassen beim Zubereiten von Speisen sehr schwierig, andererseits ist auch eine ausreichende Nährstoffzufuhr gefährdet.

Doch meist kennt man die Allergene nicht, und es müssen zunächst durch Testen verschiedener Nahrungsmittel diejenigen herausgefunden werden, die eine Reaktion verursachen. Doch auch dies ist nicht ganz einfach, denn Grundnahrungsmittel, wie Milch und Eier sind nur sehr schwer ausfindig zu machen, da diese, versteckt, in sehr vielen Nahrungsmitteln enthalten sind.

Sind die Symptome nicht so gravierend, daß eine Ernährung mit der Hydrolysatnahrung Alfaré durchgeführt werden muß, so ist eine Diät auf Basis der Vollwert-Ernährung sicherlich eine gute Alternative, mögliche Allergene ausfindig zu machen. Außerdem eignet sie sich als Dauerernährung, auch wenn bereits verschiedene Allergene bekannt sind.

Nahrungsmittel, die vertragen werden, können beliebig wieder in die Ernährung eingeführt werden.

Wird zum Beispiel Milch vertragen, so kann Alfaré oder Sojamilch durch kleine Mengen Kuhmilch ersetzt werden.

Bei der Durchführung der Vollwert-Ernährung als gelockerte Neurodermitis-Diät sollte folgendes beachtet werden:

1. Verdächtige Nahrungsmittel auf jeden Fall meiden.
2. Die häufigsten Allergene (siehe Seite 10 Absatz 3.1) weglassen.
3. Auf Fertigprodukte verzichten.
4. Auf Genußmittel verzichten (Alkohol, Kaffee, Süßigkeiten).

Die Durchführung sieht nun folgendermaßen aus:

Gemieden werden sollten Milch, Milchprodukte (auch Butter und Sahne), Eier, Schweinefleisch, Zitrusfrüchte, Farb- und Konservierungsmittel, Nüsse, Zucker, Süßigkeiten, Gewürze (außer die unten genannten).

Wichtig ist zu wissen, daß auch kleinste Mengen eines Nahrungsmittels Reaktionen auslösen können, das heißt während der Diät schadet unter Umständen bereits ein Bonbon oder ein Eis. Deshalb darauf verzichten!

Diese Nahrungsmittel sollten zunächst für 6 Wochen gemieden werden. Prinzipiell können natürlich auch andere Lebensmittel eine Allergie auslösen. Sollte durch diese Ernährungsweise nach 6 bis 8 Wochen noch keinerlei Besserung erzielt werden, empfiehlt es sich, einen Ernährungskalender zu führen, um noch andere verursachende Nahrungsmittel herauszufinden, oder zur Alfaré-Diät übergehen (siehe Kapitel III).

Da es sich bei den obengenannten Allergenen jedoch um die häufigsten handelt, sind die Rezepte auf folgendem Prinzip aufgebaut:

Milchersatz:	Alfaré, Sojamilch (ungesüßt)
Zum Süßen:	Birnen- oder Apfeldicksaft Trockenobst (ungeschwefelt) reiner Traubenzucker (geringe Mengen)
Ei-Ersatz:	1 TL Nestargel ≙ 1 Ei 1 EL Sojamehl + 2 EL Wasser ≙ 1 Ei
Getränke:	Mineralwasser, Fencheltee, Lindenblütentee, Malventee reiner Birnen- oder Apfelsaft ohne Zucker (kein Vitamin-C-Zusatz), Sojamilch, Sojakakao
Gewürze:	Meersalz (jodiert), weißer Pfeffer, Gemüsebrühe, Frugola (Gemüsebrühe mit Hefezusatz)
Gemüse:	alle Sorten, bis auf sauer eingelegtes Gemüse, und Hülsenfrüchte
Fleisch:	vorwiegend Lamm, Kaninchen, Pute, Rind

Obst:	überwiegend Apfel, Banane, Birne, Melone
Öle und Fette:	milcheiweißfreie Margarine als Brotaufstrich (zum Beispiel Vitagen-Margarine, auch zum Braten geeignet) für Salate kaltgepreßte Öle (zum Beispiel Sonnenblumenöl) zum Braten keine kaltgepreßten Öle verwenden (geeignet ist zum Beispiel Mazola oder Livio)

2 Rezeptteil: Abkürzungen, Maße und Gewichte

g	Gramm
kg	Kilogramm
ml	Milliliter
l	Liter
EL	Eßlöffel
TL	Teelöffel
Msp	Messerspitze
Pr	Prise
Bd	Bund
Pack	Packung

2.1 Frühstücksfreuden: Müslis, süße und herzhafte Brotaufstriche

2.1.1 Das Müsli für den guten Start in den Tag

Hafermüsli (für 2 Personen)

(1 Portion ca. 200g: 224 kcal; 938 kJ; 4g E; 2g F; 47g KH)

3 EL	Haferflocken	1	Banane
2 EL	Rosinen		Birnensaft nach Geschmack

Haferflocken mit den Rosinen mischen, Banane schälen, klein schneiden und dazugeben. Die Zutaten vermischen und mit Birnensaft übergießen.

Sesammüsli (für 2 Personen)

(1 Portion ca. 180g: 163 kcal; 680 kJ; 6g E; 4g F; 26g KH)

2 EL	Weizenflocken (oder vorher eingeweichte Weizenkörner)	1/8 l	Sojamilch
1 EL	Sesamkörner	1	Apfel
		1/2	Banane
		Evtl.	etwas Apfeldicksaft

Getreide und Sojamilch miteinander vermengen. Apfel schälen und entkernen. Banane schälen. Das Obst klein schneiden und zum Müsli geben. Eventuell mit Dicksaft süßen.

Sollten eingeweichte Körner verwendet werden, das Einweichwasser nicht abgießen, sondern im Müsli verwenden, dafür eventuell etwas weniger Sojamilch nehmen.

Schoko-Müsli (für 2 Personen)

(1 Portion ca. 190g: 237 kcal; 990 kJ; 7g E; 5g F; 42g KH)

4 EL	Weizenflocken	1 EL	Karob
1	Banane	1/8 l	Milchersatz (Alfaré oder Sojamilch, ungesüßt)
1/2	Birne		

Obst schälen, Birne entkernen und beides zerkleinern und mit den übrigen Zutaten vermischen.

Körnermüsli (für 2 Personen)

(1 Portion ca. 130g: 134 kcal; 564 kJ; 7g E; 6g F; 14g KH)

2 EL	Getreideflocken	1 TL	Leinsamen
1 TL	Sesam	100 g	frische oder tiefgefrorene Beeren (z. B. Himbeeren)
1 TL	Sonnenblumenkerne		Sojamilch oder Obstsaft nach Belieben

Die Zutaten vermischen und mit Sojamilch oder Obstsaft übergießen.

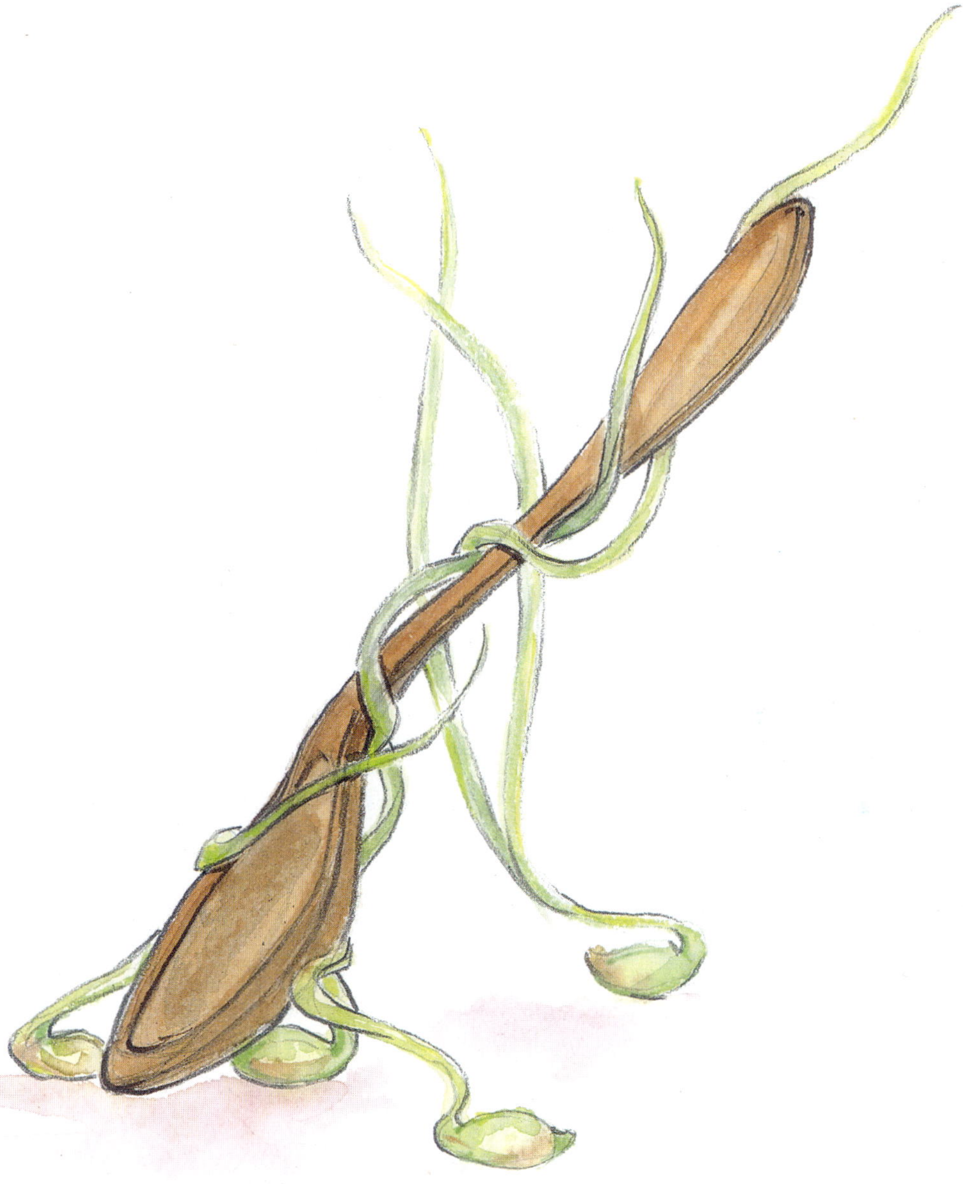

Frischkornfrühstück aus gekeimtem Getreide
(Vitaminbombe)

(1 Portion ca. 220g: 166 kcal; 694 kJ; 7g E; 4g F; 24g KH)

Keimung:

Weizenkörner in einer Schüssel mit Wasser bedeckt 12 Stunden ruhenlassen.

Getreide in ein Sieb gießen und gründlich mit Wasser abbrausen.

Getreide im Sieb in eine Schüssel hängen und mit einem Tuch bedeckt ruhenlassen.

Nach weiteren 12 Stunden Körner im Sieb gut abbrausen.

Die Keime werden jetzt langsam sichtbar (sie sind 2 bis 3 Millimeter lang).

Die Weizenkeime können nun für das Müsli benutzt werden.

Anstelle von Weizen kann auch jedes andere Getreide zum Keimen gebracht werden.

Gekeimtes Getreide kann mit den gleichen Zutaten zum Müsli vermischt werden wie ungekeimtes Getreide.

Frischkornfrühstück (für 2 Personen)

(1 Portion ca. 220g: 165 kcal; 688 kJ; 5g E; 3g F; 29g KH)

2 EL	Weizen	1 EL	Trockenfrüchte
1/2	Apfel	1 TL	Sesam (oder Sonnenblumenkerne)
1/2	Banane	Evtl.	Apfeldicksaft
1/2	Birne	1/8 l	Sojamilch

Weizen als ganze Körner oder grob geschrotet für etwa 12 bis 24 Stunden in 4 Eßlöffeln Wasser einweichen. Frischobst schälen und zerkleinern, die Trockenfrüchte gegebenenfalls klein schneiden und mit den übrigen Zutaten unter das Getreide mischen.

2.1.2 Frühstücksfreuden für Müslimuffel

Tofu-Sahne (4 – 6 Portionen)

(100g: 122 kcal; 470 kJ; 6g E; 6g F; 8g KH)

4 EL	Wasser	350 g	Tofu
2½ TL	Pflanzenöl	½ TL	Meersalz
		50 g	Birnen-oder Apfeldicksaft
		½ TL	reine Vanille

Wasser, Öl und zerbröselten Tofu im Mixer aufschlagen und mit den restlichen Zutaten würzen.

Sandwich, süß (für 2 Personen)

(1 Portion ca. 60g: 150 kcal; 629 kJ, 5g E; 5g F; 20g KH)

2	Vollkornbrötchen	2 TL	Tofu-Sahne (Rezept siehe oben)
2 Msp	milcheiweißfreie Margarine	2 TL	Apfelmus (ungezuckert)
2 TL	Sesammus		

Die Brötchen aufschneiden, mit sehr wenig Margarine bestreichen. Dann abwechselnd Sesammus, Tofu-Sahne und Apfelmus aufstreichen, zuklappen, fertig ist der süße Doppeldecker.

Tofu-Mayonnaise (4 – 6 Portionen)

(100g: 91 kcal; 380 kJ; 6g E; 6g F; 3g KH)

350 g	Tofu	Etwas	naturtrüber Apfelsaft
4 EL	Sojamilch	½ TL	Meersalz
2 TL	Pflanzenöl		

Tofu zerkleinern, Sojamilch dazugeben. Mit Öl, Apfelsaft und Salz im Mixer aufschlagen.

Sandwich, herzhaft (für 2 Personen)

(1 Portion ca. 110g: 161 kcal; 672 kJ; 12g E; 3g F; 19g KH)

2	Weizenvollkornbrötchen	2 Scheiben	Rinderbraten
2 TL	Tofu-Mayonnaise (Rezept siehe Seite 129)		Gurkenscheiben
		2	Salatblätter

Das Brötchen halbieren, mit Mayonnaise bestreichen, mit Braten, Gurkenscheiben und Salatblättern belegen und zusammenklappen.

Anstelle des Salatblatts können auch Bananenscheiben verwendet werden.

Bei Nichtvertragen von Rindfleisch kann Puten-, Lamm- oder Kaninchenfleisch verwendet werden.

2.2 Suppen

Gemüsesuppe „Mailänder Art“ (für 4 Personen)

(1 Portion ca. 340g: 83 kcal; 352 kJ; 3g E; 3g F; 11g KH)

300 g	gemischtes Gemüse (Karotten, Blumenkohl, Kohlrabi)	50 g	Vollkornnudeln ohne Ei
		10 g	milcheiweißfreie Margarine
2 TL	Vollmeersalz	Evtl. 1 TL	Sojasauce
1 TL	Gemüsebrühe (gekörnt)		

Gemüse putzen, waschen und klein schneiden. Dann 1 Liter Wasser mit Salz und Gemüsebrühe zum Kochen bringen. Das Gemüse darin 10 Minuten kochen lassen. Nudeln zugeben und noch 2 bis 3 Minuten kochen, dann 5 Minuten ausquellen lassen.

Vor dem Servieren Margarine und, je nach Geschmack, Sojasauce unterrühren.

Grünkernsuppe (für 4 Personen)

(1 Portion ca. 320g: 67 kcal; 281 kJ; 1g E; 5g F; 3g KH)

1 TL	Meersalz	25 g	milcheiweißfreie Margarine
1/4 l	Gemüsebrühe (gekörnt)	2 EL	Schnittlauch
2 TL	Grünkern		

1 Liter Wasser mit Salz und Gemüsebrühe zum Kochen bringen. Inzwischen Grünkern mahlen, Grünkernmehl kurz in Wasser quellen lassen und in die kochende Brühe rühren. Die Suppe bei geringer Hitze noch 1 Minuten kochen lassen. Margarine einrühren und mit Schnittlauch bestreut servieren.

Kartoffelsuppe (für 4 Personen)

(1 Portion ca. 350g: 57 kcal; 241 kJ; 2g E; 1g F; 11g KH)

250 g	Kartoffeln	1 TL	Gemüsebrühe (gekörnt)
100 g	Karotten oder Blumenkohl	1 TL	Frugola (Gemüsebrühe mit Hefe)
50 g	Lauch	Etwas	Pfeffer, Muskat
1 TL	Meersalz		

Kartoffeln schälen und fein raspeln. Karotten grob raspeln und Lauch in feine Streifen schneiden. Gemüse in 1 Liter kochendes Salzwasser geben, mit Gemüsebrühe und Frugola würzen und 15 bis 20 Minuten kochen lassen. Mit Pfeffer und Muskat abschmecken.

Nudelsuppe (für 4 Personen)

(1 Portion ca. 395g: 122 kcal; 518 kJ; 5g E; 3g F; 19g KH)

1 TL	Meersalz	100 g	Vollkornnudeln ohne Ei
1 Bd	Suppengrün	10 g	milcheiweißfreie Margarine
1 TL	Gemüsebrühe (gekörnt)	2 EL	Schnittlauch
2 TL	Frugola		

1 1/4 Liter Wasser zum Kochen bringen. Salz, geputztes, gewaschenes und kleingeschnittenes Suppengrün dazugeben und mit Brühe und Frugola würzen. Nudeln in die kochende Suppe geben, 3 Minuten kochen und 10 Minuten ziehen lassen. Vor dem Servieren Margarine dazugeben und mit gehacktem Schnittlauch bestreuen.

Tomatensuppe mit Reis (für 4 Personen)

(1 Portion ca. 530g: 168 kcal; 702 kJ; 4g E; 5g F; 26g KH)

1 kg	reife Tomaten	100 g	Vollkornreis
2 TL	Meersalz	20 g	milcheiweißfreie Margarine

Tomaten einritzen, mit einer Gabel kurz in kochendes Wasser tauchen und die Haut abziehen. Tomaten in Stücke schneiden und im Mixer pürieren. Tomatenpüree mit 1 Liter Wasser und Salz zum Kochen bringen, Reis zugeben, 5 Minuten kochen und 20 bis 25 Minuten ziehen lassen. Vor dem Servieren die Margarine in der Suppe zerlaufen lassen.

Anstelle von Margarine kann 1 Eßlöffel Sojacreme neutral (im Reformhaus erhältlich) eingerührt werden. Es verleiht der Suppe einen „Crème-fraîche"-Geschmack.

Bunte Gemüsesuppe (für 4 Personen)

(1 Portion ca. 670g: 231 kcal; 995 kJ; 14g E; 11g F; 19g KH)

200 g	Rindfleisch	50 g	Mais
3 EL	Gemüsebrühe (gekörnt)	2 EL	Schnittlauch
100 g	Kohlrabi	1 EL	Petersilie
100 g	Blumenkohl	Evtl.	Meersalz
200 g	Kartoffeln		

Rindfleisch in mundgerechte Stücke schneiden. 2 Liter Wasser mit der Gemüsebrühe zum Kochen bringen. Das Fleisch in der Gemüsebrühe ca. 1/2 Stunde garen. Geputztes und kleingeschnittenes Gemüse zugeben und nochmals 20 Minuten kochen lassen. Kartoffeln herausnehmen, pürieren und wieder zum Binden unter die Suppe rühren. Eventuell noch mit Meersalz abschmecken. Vor dem Servieren die gehackten Kräuter unterrühren.

2.3 Pfannengerichte

Gebackene Auberginen- und Zucchinischeiben

(für 2 Personen)

(1 Portion ca. 320g: 383 kcal; 1605 kJ; 8g E; 22g F; 37g KH)

250 g	Auberginen	100 g	Vollkornsemmelbrösel
250 g	Zucchini	Ca. 40 g	Pflanzenöl
	Meersalz		

Auberginen und Zucchini waschen und mit Schale in ca. 1 Zentimeter dicke schräge Scheiben schneiden, auf beiden Seiten leicht salzen und ziehen lassen. Scheiben in Semmelbröseln wenden und beidseitig bei mäßiger Hitze in Öl 3 bis 5 Minuten backen.

Dazu paßt: Vollkornreis oder Kartoffelbrei.

Gebackener Lauch (für 2 Personen)

(1 Portion ca. 180g: 348 kcal; 1457 kJ; 11g E; 23g F; 23g KH)

250 g	Lauch	50 g	Vollkornsemmelbrösel
2 TL	Meersalz	50 g	Sesam
		2–3 EL	Sonnenblumenöl

Lauchstangen putzen, waschen, längs halbieren und in 10 bis 15 Zentimeter lange Stücke schneiden. Lauch in 1/4 Liter Wasser mit 1 Teelöffel Salz 10 Minuten kochen, herausnehmen und abkühlen lassen. Semmelbrösel, Sesam und das restliche Salz mischen, Lauchstangen darin wenden und in Öl von beiden Seiten backen.

Gebackene Maiskolben (für 2 Personen)

(1 Portion ca. 220g: 368 kcal; 1545 kJ; 10g E; 20g F; 36g KH)

4	Maiskolben	30 g	Sesam
25 g	milcheiweißfreie Margarine	1/2 TL	Meersalz

Von den Maiskolben die grünen Blätter entfernen und „enthaaren“. Bei mäßiger Hitze ca. 15 Minuten von allen Seiten in der Margarine backen. Sesam und Salz mischen, und die Maiskolben darin wenden.

Eignet sich sehr gut als Beilage zu Kurzgebratenem.

Kräutermaisschnitten (für 2 Personen)

(1 Portion ca. 450g: 423 kcal; 1768 kJ; 9g E; 18g F; 59g KH)

1 Bd	Suppengrün	125 g	Maisgrieß
1 TL	Meersalz	1 EL	gemahlener Buchweizen
1 TL	Frugola	3 EL	milcheiweißfreie Margarine
1 TL	gekörnte Gemüsebrühe	2 EL	frische gemischte Kräuter

Suppengrün waschen und putzen. 1/2 Liter Wasser mit feingeschnittenem Suppengrün, Salz, Frugola und Gemüsebrühe zum Kochen bringen. Maisgrieß und Buchweizen einrühren. 5 Minuten kochen und 20 Minuten quellen lassen. Unter den Maisbrei 1 Eßlöffel Margarine und die gewaschenen und feingehackten Kräuter rühren. Diese Masse ca. 1 Zentimeter dick ausstreichen und in erkaltetem Zustand in beliebig große Stücke schneiden. Restliche Margarine erhitzen und die Stücke von beiden Seiten ausbacken.

Dazu passen frische Salate oder Gemüse.

Reisfrikadellen (für 2 Personen)

(1 Portion ca. 460g: 476 kcal; 1992 kJ; 14g E; 17g F; 65g KH)

1 TL	Frugola	150 g	gemischtes Gemüse (Lauch, Möhren, Mais)
1 TL	gekörnte Gemüsebrühe	1 TL	Meersalz
100 g	Naturreis	3 TL	Schnittlauch
1	kleine Zwiebel	2 EL	Hefeflocken
1	Knoblauchzehe	50 g	Vollkornsemmelbrösel
10 g	milcheiweißfreie Margarine	2 EL	Öl zum Ausbacken

Aus Frugola, Gemüsebrühe und 1/2 Liter Wasser eine Brühe kochen. Den Reis darin garen. Zwiebel und Knoblauch schälen und würfeln und in Margarine andünsten. Gemüse waschen, putzen und klein schneiden. Gemüse und Salz zur Brühe geben und ca. 10 Minuten dünsten, dann mit Reis, Schnittlauch und Hefeflocken mischen. Kleine Frikadellen formen, in Semmelbrösel wälzen und in Öl ausbacken. Dazu Salate reichen.

Gebackene Selleriescheiben (für 2 Personen)

(1 Portion ca. 150g: 179 kcal; 750 kJ; 6g E; 11g F, 15g KH)

1	Sellerieknolle	2 EL	feine Haferflocken
	Meersalz	2 EL	Sesam
	Kräutersalz	1 EL	milcheiweißfreie Margarine

Sellerieknolle putzen, waschen und in 1/2 Liter Salzwasser garen, in Scheiben schneiden. Selleriescheiben mit Kräutersalz bestreuen und in Haferflocken und Sesam wälzen. Bei schwacher Hitze in Margarine von beiden Seiten leicht bräunen.

Dazu Pellkartoffeln reichen.

Hirsefrikadellen (für 2 Personen)

(1 Portion ca. 450g: 403 kcal; 1687 kJ; 16g E; 14g F, 53g KH)

	Meersalz	1 EL	Majoran
1 TL	gekörnte Gemüsebrühe	2 EL	Hefeflocken
1 TL	Frugola	50 g	Vollkornsemmelbrösel
1 Bd	Suppengrün	1 TL	Nestargel
100 g	Hirse	2 EL	Öl
1 EL	gehackte Petersilie		

Hirse in 1/2 Liter kochendes Salzwasser mit Gemüsebrühe, Frugola und feingeschnittenem Suppengrün rieseln lassen. 10 Minuten kochen und 20 Minuten bei schwacher Hitze ausquellen lassen. Unter die Hirse gehackte Petersilie, Majoran und Hefeflocken rühren. Mit Nestargel binden, kleine Frikadellen formen, in den Semmelbröseln wälzen und von beiden Seiten in Öl braten.

Reibekuchen (für 2 Personen)

(1 Portion ca. 140g: 213 kcal; 892 kJ; 4g E; 10g F; 25g KH)

250 g	Kartoffeln	1 EL	Sojamehl
2 EL	Weizenvollkornmehl		Öl zum Ausbacken
1 TL	Nestargel		

Kartoffeln waschen, schälen und fein reiben. Mehl, Nestargel und Sojamehl unterrühren. Öl erhitzen, mit einem Löffel kleine Kuchen einfüllen, glattstreichen und von beiden Seiten goldbraun backen.

Dazu paßt ein frischer Salat oder Apfelmus.

Hefepfannkuchen (für 2 Personen)

(1 Portion ca. 410g: 617 kcal; 2581 kJ; 21g E; 15g F, 96g KH)

250 g	Weizenvollkornmehl	1 Pr	Meersalz
1/4 Würfel	Hefe	300 g	frisches Obst (Pflaumen, Äpfel, süße Kirschen)
1/4 l	Sojamilch (oder Mineralwasser)		Öl zum Ausbacken

Mehl in eine Schüssel geben, in die Mitte eine Mulde drücken, die Hefe dort hineinbröckeln, etwas lauwarme Sojamilch darübergießen, verrühren und zugedeckt an einem warmen Ort 15 Minuten gehen lassen. Danach die restliche Sojamilch und Meersalz dazugeben, mit dem Mixer gut verrühren, der Teig sollte zähflüssig sein. Das Obst waschen und vorbereiten. Öl in einer Pfanne erhitzen, den Teig hineinlaufen lassen und mit Obst belegen. Nach ca. 3 Minuten, wenn die Unterseite goldbraun ist, Pfannkuchen wenden und von der Oberseite noch kurz braten.

Pfannkuchen mit Backpulver (für 2 Personen)

(1 Portion ca. 260g: 523 kcal; 2189 kJ; 20g E; 13g F; 79g KH)

250 g	Weizenvollkornmehl	1/4 l	Sojamilch (oder Mineralwasser)
1/2 Pack	Backpulver	1 Pr	Salz
1 TL	Birnendicksaft	2 EL	milcheiweißfreie Margarine
		Evtl.	frisches Obst (Pflaumen, Kirschen, Äpfel)

Mehl und Backpulver mischen, Birnendicksaft, Sojamilch und Salz zugeben und den Teig gut durchrühren, bis er zähflüssig ist (nicht zu dünn). Margarine in einer Pfanne erhitzen, den Teig hineingeben und nach Belieben mit Obst belegen. Pfannkuchen von beiden Seiten goldbraun backen.

Einfache Pfannkuchen (für 2 Personen)

(1 Portion ca. 260g: 472 kcal; 1974 kJ; 16g E; 11g F; 75g KH)

250 g	Weizenvollkornmehl	Ca. 1/4 l	Mineralwasser
1 Pr	Salz	2 EL	milcheiweißfreie Margarine
1 TL	Nestargel		

Weizenvollkornmehl, Nestargel und Salz mischen und so viel Mineralwasser zugeben, bis ein zähflüssiger Teig entsteht. In der Margarine kleine Pfannkuchen backen (bei diesem Teig empfiehlt es sich, kleine Pfannkuchen zu backen, da sie sonst leicht brechen).

Kartoffelbällchen (für 2 Personen)

(1 Portion ca. 200g: 262 kcal; 1098 kJ; 5g E; 14g F; 28g KH)

250 g	Kartoffeln		Kräutersalz
1/8 l	Sojamilch (oder Alfaré-Lösung)	1 EL	Sojamehl oder 1 TL Nestargel
1 TL	milcheiweißfreie Margarine	1 EL	Weizenmehl

Kartoffeln waschen, mit Schale kochen, abschütten, pellen. Kartoffeln fein stampfen, würzen, Sojamilch oder Alfaré und Fett zugeben und zu einem Brei verrühren. Mehl unter den Kartoffelbrei rühren, kleine Bällchen formen und in heißem Fett von beiden Seiten goldbraun backen.

Tofu-Schnitzel (für 2 Personen)

(1 Portion ca. 180g: 235 kcal; 986 kJ; 13g E; 11g F; 20g KH)

300 g	Tofu (fest)	50 g	Paniermehl
	Kräutersalz	10 g	Öl

Tofu mit einem Küchentuch abtupfen, mit Kräutersalz würzen, in Paniermehl wenden und von beiden Seiten in heißem Fett braun braten. Die Tofu-Schnitzel werden anstelle von Fleisch gereicht.

Grünkernfrikadellen (für 2 Personen)

(1 Portion ca. 190g: 137 kcal; 576 kJ, 3g E; 6g F; 17g KH)

2 EL	Grünkern, geschrotet	1 TL	gekörnte Gemüsebrühe
1	Kartoffel, gekocht	10 g	Öl zum Braten

Grünkern in 1/4 Liter Wasser kochen, bis sich eine sämige Masse gebildet hat. Die gekochte und geschälte Kartoffel mit einer Gabel zerdrücken und unterkneten, mit Gemüsebrühe würzen, Frikadellen formen und in Öl braten.

Backkartoffeln (für 2 Personen)

(1 Portion ca. 150g: 282 kcal; 1185 kJ; 8g E; 18g F; 23g KH)

250 g	Kartoffeln	1 EL	Pflanzenöl
50 g	Sesam (oder Kräuter)		

Kartoffeln waschen und mit Schale 5 Minuten kochen. Kartoffeln halbieren und mit der Schnittseite in Sesam (oder Kräuter) drücken und auf ein geöltes Backblech setzen. Bei 200 Grad ca. 20 bis 30 Minuten backen.

Sesamkartoffeln (für 2 Personen)

(1 Portion ca. 160g: 363 kcal; 1522 kJ; 6g E; 28g F; 22g KH)

250 g	Kartoffeln	50 g	milcheiweißfreie Margarine
30 g	Sesam		Kräutersalz

Kartoffeln waschen, mit Schale in wenig Wasser kochen, pellen. Sesamkörner in der Pfanne ohne Fett leicht rösten, salzen. Die Margarine dazugeben und darin zerlassen. Kartoffeln in große Würfel schneiden und darin wälzen.

2.4 Kalte und warme Salate, Salatsoßen

Bunter Nudelsalat (für 2 Personen)

(1 Portion ca. 190g: 186 kcal; 784 kJ; 10g E; 6g F; 22g KH)

50 g	Weizenvollkornnudeln ohne Ei	50 g	Mais (frisch oder tiefgefroren)
1/2 TL	Meersalz	2 EL	Tofu-Mayonnaise (siehe Rezept Seite 129)
50 g	Rindfleisch, gekocht		
1	Tomate	Etwas	Gemüsebrühe (oder 1/2 TL Meersalz)
50 g	Salatgurke		

Nudeln in Salzwasser garen, abschrecken und erkalten lassen. Rindfleisch in kleine Würfel schneiden, Tomate und Gurke waschen und würfeln. Zusammen mit den Maiskörnern zu den Nudeln geben und mit Tofu-Mayonnaise und den übrigen Zutaten gut vermischen. Den Nudelsalat mit Salz oder Gemüsebrühe abschmecken.

Süßer Reissalat (für 2 Personen)

(1 Portion ca. 180g: 145 kcal; 606 kJ; 2g E; 1g F; 31g KH)

30 g	Naturreis	1	Banane
1/2 TL	Meersalz	Etwas	Birnensaft
1	Birne		Sojacreme natur (Reformhaus)

Reis in Salzwasser ca. 30 Minuten garen. Der Reis sollte gerade mit Wasser bedeckt sein. Reis abgießen und erkalten lassen. Obst schälen, in kleine Würfel schneiden, unter den Reis mischen und mit Sojacreme und Saft vermischen. Eventuell noch mit Meersalz abschmecken. Bei Nichtvertragen von Birnen können 1 Apfel und Apfelsaft verwendet werden.

Kartoffelsalat (für 2 Personen)

(1 Portion ca. 190g: 124 kcal; 522 kJ; 4g E; 1g F; 24g KH)

250 g	Kartoffeln		Meersalz
50 g	Salatgurke		Vitam-Gemüsebrühe
50 g	frischer Mais (auch tiefgefroren)		(Reformhaus)
2 EL	Tofu-Mayonnaise	1 Bd	Petersilie
	(siehe Rezept Seite129)	1 Bd	Schnittlauch

Kartoffeln waschen, mit Schale kochen, abschrecken, pellen und erkalten lassen. Gurke schälen. Kartoffeln und Gurke in kleine Würfel schneiden und mit dem Mais mischen. 1 bis 2 Eßlöffel Tofu-Mayonnaise zugeben und mit Salz und Gemüsebrühe abschmecken. Kräuter waschen und fein hacken. Unter den Kartoffelsalat mischen, evevtuell mit Salz abschmecken.

Möhren-Sesam-Salat (für 2 Personen)

(1 Portion ca. 170g: 138 kcal; 579 kJ; 2g E; 8g F; 14g KH)

200 g	Möhren	1 EL	naturreiner Apfelsaft
1	süßer Apfel	1 EL	kaltgepreßtes Öl (Sonnenblumen- oder Distelöl)
1 EL	Sesam		
1/2 TL	Birnendicksaft	1 Pr	Meersalz (evtl.)

Möhren gut waschen, Apfel schälen und beides fein reiben. Salatsauce aus Sesam, Dicksaft, Apfelsaft, Öl und Meersalz herstellen und über die Möhren mit Apfel gießen, mischen und ca. 30 Minuten ziehen lassen.

Blumenkohl-Champignon-Salat (für 4 Personen)

(1 Portion ca. 200g: 84 kcal; 351 kJ; 5g E; 6g F; 4g KH)

1	Blumenkohl	1 Pr	Muskat
1/8 l	Gemüsebrühe	1 Pr	weißer Pfeffer
250 g	frische Champignons	2 EL	kaltgepreßtes Öl (Sonnenblumen- oder Distelöl)

Blumenkohl putzen, den Strunk entfernen und in sehr kleine Röschen teilen. Diese in der Gemüsebrühe bißfest dünsten (ca. 15 Minuten). Blumenkohl abkühlen lassen. Champignons nur wenn nötig waschen und in Scheiben schneiden. Unter die erkalteten Blumenkohlröschen geben. Das Gemüse mit Muskat, Pfeffer würzen, zuletzt das Öl untermischen.

Kohlrabi-Salat (für 2 Personen)

(1 Portion ca. 130g: 80 kcal; 333 kJ; 2g E; 5g F; 6g KH)

1	Kohlrabi	1 EL	naturreiner Apfelsaft (100% Saft)
1 EL	kaltgepreßtes Öl (Sonnenblumen- oder Distelöl)	1 Pr	Meersalz
		1 Msp	weißer Pfeffer

Kohlrabi schälen und auf der Gemüsereibe fein raspeln. Eine Salatsauce aus Öl, Apfelsaft, Salz und Pfeffer herstellen und unter die Kohlrabi-Raspel ziehen.

Kräutersauce (für 2 Personen)

(1 Portion ca. 15g: 54 kcal; 224 kJ; 0g E; 5g F; 0g KH)

2 EL	naturreiner Apfelsaft		Frische Kräuter der Saison
2 EL	kaltgepreßtes Öl		Petersilie, Dill, Kresse)
	(Sonnenblumen- oder Distelöl)	1 TL	gekörnte Gemüsebrühe

Apfelsaft, Öl, gewaschene und gehackte Kräuter und Gemüsebrühe gut miteinander vermischen und vor dem Servieren über den Salat gießen.

Cremesauce (für 2 Personen)

(1 Portion ca. 25g: 72 kcal; 301 kJ; 1g E; 7g F; 2g KH)

1 EL	kaltgepreßtes Öl (Sonnenblumen- oder Distelöl)	1 Pr	weißer Pfeffer
2 EL	naturreiner Apfelsaft	1 TL	gekörnte Gemüsebrühe
		1/4	Knoblauchzehe
		1–2 EL	Sojacreme natur (Reformhaus) je nach Konsistenz

Öl, Apfelsaft, Pfeffer, Gemüsebrühe und zerdrückte Knoblauchzehe mischen. Unter Rühren soviel Sojacreme natur einrühren, bis eine glatte cremige Konsistenz entstanden ist.

French-Dressing (für 2 Personen)

(1 Portion ca. 20g: 65 kcal; 273 kJ, 1g E; 6g F; 2g KH)

1 EL	kaltgepreßtes Öl (Sonnenblumen- oder Distelöl)	1 TL	Sojacreme natur (Reformhaus)
1 EL	naturreiner Apfel- oder Birnensaft	1 TL	gekörnte Gemüsebrühe
		1 Pr	weißer Pfeffer
		1 TL	Rote-Bete-Saft

Sauce wie Cremesauce (Rezept siehe Seite 146) zubereiten, zuletzt den Rote-Bete-Saft unterziehen.

2.5 Hauptgerichte für 1 Person

Putenspieße mit Reissalat

(1 Portion ca. 420g: 394 kcal; 1650 kJ; 32g E; 16g F; 28g KH)

30 g	Vollreis (Rohgewicht)	5	gleich große frische Champignons
	Meersalz		Kräutersalz
100 g	Möhren		Öl
1	Putenschnitzel		

Reis in nur wenig Salzwasser ca. 30 Minuten garen. Möhren waschen und fein raspeln. Putenfleisch in mundgerechte Stücke schneiden und abwechselnd mit den Champignons auf einen Spieß stecken. Mit Kräutersalz und je nach Geschmack mit etwas Meersalz würzen, in Pflanzenöl von allen Seiten ca. 5 bis 10 Minuten braten. Reis abgießen und noch heiß mit den rohen Möhren mischen, mit etwas Kräutersalz würzen und abkühlen lassen.

Roulade mit Kartoffeln und Schwarzwurzeln

(1 Portion ca. 740g: 587 kcal; 2456 kJ; 32g E; 30g F; 45g KH)

100 g	Rinderroulade	10 g	milcheiweißfreie Margarine
	Kräutersalz	1 TL	Weizenvollkornmehl
1 EL	Sesammus	1/8 l	Gemüsewasser (Kochwasser der Schwarzwurzeln)
1	mittelgroße Möhre	1 TL	gekörnte Gemüsebrühe
	Öl zum Braten		
1 TL	Mondamin (nach Belieben)		
200 g	Schwarzwurzeln		
200 g	Kartoffeln		
	Meersalz		

Fleisch mit Kräutersalz würzen und mit Sesammus bestreichen. Möhre waschen, in Stifte schneiden und auf dem Fleisch verteilen, zusammenrollen und in Öl anbraten. Mit etwas Wasser aufgießen und ca. 1 Stunde garen lassen. Danach nach Belieben mit Mondamin den Fleischsud andicken. Schwarzwurzeln gründlich waschen, abschaben und sofort in Essigwasser (1/4 Liter) legen. So lange darin liegen lassen, bis alle geputzt sind. Dann in 4 Zentimeter lange Stücke schneiden und in 1/8 Liter Salzwasser dünsten. Kochwasser der Schwarzwurzeln auffangen. Margarine erhitzen, Mehl einrühren und mit 1/8 Liter vom Gemüsewasser (Kochwasser) ablöschen, mit Gemüsebrühe würzen und die Schwarzwurzeln darin anrichten. Kartoffeln waschen, dämpfen, kalt überbrausen und schälen.

Bunte Reispfanne

(1 Portion ca. 450g: 491 kcal; 2057 kJ; 23g E; 23g F; 45g KH)

30 g	Naturreis (Rohgewicht)	1	Fleischtomate
	Meersalz	1/2	Zucchini
1 EL	ÖL	100 g	Mais (frisch oder tiefgefroren)
50–70 g	Rinderhack	1 EL	gekörnte Gemüsebrühe
	Kräutersalz		Oregano

Naturreis ca. 30 Minuten in Salzwasser garen (der Reis sollte vom Wasser bedeckt sein). Öl erhitzen, Hackfleisch darin schmoren, mit Kräutersalz würzen. Gemüse putzen, zerkleinern und unter die Hackfleischmasse geben. (Bei Verträglichkeit kann eine Knoblauchzehe zugegeben werden.) Gemüsebrühe in kochendem Wasser auflösen und unter die Hackpfanne geben. Mit Oregano abschmekken und 15 Minuten schmoren lassen, zum Schluß den Reis unterheben.

Lammkotelett „orientalisch"

(1 Portion ca. 740g: 686 kcal; 2871 kJ; 35g E; 26g F; 75g KH)

30 g	Vollreis	1/8 l	Gemüsebrühe
	Meersalz	1 TL	Sojamehl
1	Lammkotelett	1 EL	Weizenvollkornmehl
	Kräutersalz	1 EL	milcheiweißfreie Margarine
	Öl zum Anbraten	1	Banane
1	Aprikose		
1	Birne		

Vollreis in nur wenig Salzwasser garen. Lammkotelett mit Kräutersalz würzen und in Öl anbraten. Aprikose und Birne schälen, würfeln und zum Fleisch geben. Mit etwas Gemüsebrühe auffüllen und ca. 15 Minuten schmoren lassen. Einen Teig aus Sojamehl, Weizenmehl, 2 bis 3 Eßlöffeln Wasser und etwas Meersalz herstellen. Geschälte Banane darin wälzen und in Margarine goldbraun braten. Alles mit Reis anrichten.

Putenschnitzel mit Kohlrabi und Prinzeßkartoffeln

(1 Portion ca. 720g: 565 kcal; 2368 kJ; 36g E; 25g F; 46g KH)

200 g	Kartoffeln		Für die weiße Soße:
200 g	Kohlrabi		
	Meersalz	1 EL	milcheiweißfreie Margarine
1	Putenschnitzel	1 TL	Weizenvollkornmehl
	Kräutersalz	1/2 TL	gekörnte Gemüsebrühe
	Öl zum Anbraten		
	Muskat		
3–5 EL	Sojamilch (oder Alfaré-Lösung)		
1 TL	Nestargel		

Kartoffeln waschen und dämpfen. Kohlrabi schälen, würfeln und mit 3 Eßlöffeln Wasser 20 Minuten dünsten. Das nicht verdampfte Kohlrabiwasser für die Soße auffangen. Putenschnitzel mit Kräutersalz würzen und in erhitztem Öl von jeder Seite ca. 5 Minuten braten. Kartoffeln schälen, zerstampfen, mit etwas Muskat würzen und mit Sojamilch und Nestargel verrühren, bis eine feste, aber noch streichfähige Masse entsteht. Kartoffelmasse in einen Spritzbeutel füllen und auf ein gefettetes Backblech kleine Häufchen spritzen. Bei 200 Grad goldbraun backen. Kohlrabi entweder nur mit milcheiweißfreier Margarine und etwas Gemüsebrühe oder mit einer weißen Soße anrichten. Für die Soße die Margarine zerlassen, Mehl einrühren und Kohlrabiwasser mit Wasser zu 1/8 Liter auffüllen, Mehlschwitze damit ablöschen und mit Gemüsebrühe würzen.

Blumenkohl-Kartoffel-Gratin

(1 Portion ca. 670g: 644 kcal; 2701 kJ; 29g E; 37g F; 61g KH)

1/2	Blumenkohl (ca. 200 g)	1 EL	Weizenvollkornmehl
	Meersalz	1 EL	Sojacreme natur (Reformhaus)
200 g	Kartoffeln		Muskat
1 EL	milcheiweißfreie Margarine		Pfeffer
		Evtl. 100 g	Schafskäse

Blumenkohl putzen, Rosen ganz belassen, in 1/8 Liter Salzwasser garen (Kochwasser abgießen und aufheben). Kartoffeln mit Schale dämpfen, pellen. 1 Eßlöffel Margarine etwas erhitzen, Mehl einrühren, mit Blumenkohlwasser ablöschen, Sojacreme einrühren, Soße mit Salz, Muskat und Pfeffer abschmecken. Auflaufform mit etwas Margarine fetten, in Scheiben geschnittene Kartoffeln und Blumenkohlröschen abwechselnd in die Form schichten. Mit Soße übergießen und je nach Verträglichkeit mit Schafskäse belegen. Margarineflöckchen aufsetzen und bei 200 Grad ca. 3 Minuten backen.

Pasta asciutta

(1 Portion ca. 450g: 347 kcal; 1458 kJ; 20g E; 19g F; 22g KH)

1 EL	Öl	1	Fleischtomate
50 g	Rinderhack	1/8 l	Gemüsebrühe
	Kräutersalz	30 g	Weizenvollkornnudeln (Rohgewicht)
100 g	frische Champignons		Meersalz

Öl erhitzen, Rinderhack dazugeben, mit Kräutersalz würzen und kurz anbraten. Vom Herd nehmen und beiseite stellen. Champignons sauber reiben, Tomate waschen, beides in Scheiben schneiden und zum Fleisch geben. Hackfleischmischung wieder erhitzen und mit Gemüsebrühe ablöschen. Nochmals 10 Minuten schmoren lassen. Weizenvollkornnudeln in Salzwasser laut Packungsanweisung garen und zur Soße essen.

2.6 Desserts

Rote Grütze (für 4 Personen)

(1 Portion ca. 120g: 40 kcal; 166 kJ; 1g E; 0g F; 8g KH)

125 g	Himbeeren	3 EL	Birnendicksaft
125 g	Brombeeren	1 geh. TL	Agar-Agar (Reformhaus)

200 Gramm der Beeren mit 1/4 Liter Wasser und Dicksaft zum Kochen bringen und kurz aufwallen lassen (die Beeren sollten dabei ganz bleiben). Das Kochgut sollte insgesamt 1/2 Liter sein. 3 Eßlöffel abnehmen und mit dem Agar-Agar verrühren. Das Ganze nochmals 2 Minuten kochen lassen. Die restlichen Beeren in die erkaltete Grütze einrühren.

Obstsalat mit Vanillesauce (für 4 Personen)

(1 Portion ca. 220g: 176 kcal; 734 kJ; 4g E; 5g F; 28g KH)

1	Apfel		Für die Vanillesauce:
1	Banane		
1	Birne	1/2 l	Sojamilch (oder Alfaré-Lösung)
1 EL	Birnendicksaft	1–2	Vanillestangen
1 EL	Rosinen (ungeschwefelt)	2 TL	Mondamin
	Sonnenblumenkerne (oder Sesam)	1 EL	Birnendicksaft

Obst schälen und in kleine Würfel schneiden, mit Dicksaft, Rosinen und Kernen mischen. Etwas durchziehen lassen. Mit der Vanillesauce servieren.

Für die Soße Sojamilch mit Vanillestangen zum Kochen bringen, mit kaltem Wasser angerührtes Mondamin einrühren. Zum Schluß mit Dicksaft süßen.

Schokoladenpudding (für 4 Personen)

(1 Portion ca. 130g: 121 kcal; 505 kJ; 3g E; 5g F; 17g KH)

1/2 l	Sojamilch (oder Alfaré-Lösung)	2 EL	Karob
3 EL	Mondamin	1 EL	Birnendicksaft

Sojamilch zum Kochen bringen. Mondamin mit etwas kaltem Wasser anrühren und in die Milch einrühren. Karob dazugeben und mit Dicksaft süßen. Pudding abkühlen lassen und kalt stellen.

Eiscreme (für 4 Personen)

(1 Portion ca. 180g: 223 kcal; 932 kJ; 6g E; 17g F; 10g KH)

50 g	Apfel- oder Birnendicksaft	6 EL	neutral schmeckendes Pflanzenöl
650 ml	Sojamilch	1/4 TL	Meersalz
2 TL	reines Vanillemark		

Zutaten miteinander vermengen und die Masse in einen Eisbereiter geben. Oder die Masse im Gefrierfach des Kühlschranks einfrieren. Eiscreme während des Gefrierens immer wieder mit dem Schneebesen durchrühren. Es bilden sich sonst Eiskristalle.

Sojamilch-Creme (für 4 Personen)

(1 Portion ca. 100g: 180 kcal; 932 kJ; 6g E; 17g F; 10g KH)

400 ml	Sojacreme natur (Reformhaus)	1 TL	Vanillemark
2 EL	Birnendicksaft	1 EL	naturreiner Apfelsaft (100% Saft)
1 Pr	Meersalz	1 TL	Nestargel

Sojacreme mit übrigen Zutaten sahnig rühren und vor dem Verzehr kühl stellen.

Tofu-Fruchtcreme (für 4 Personen)

(1 Portion ca. 110g: 77 kcal; 324 kJ, 5g E; 3g F; 9g KH)

200 g	Tofu (weich)	1	Banane
1 Pr	Meersalz	1 TL	Birnendicksaft
1/2 Becher	Sojamilch	Evtl.	Sesamsamen (geröstet)

Alle Zutaten mixen, zuletzt süßen. Nach Belieben vor dem Servieren Sesamsamen darüberstreuen.

Apfelgelee (für 4 Personen)

(1 Portion ca. 120g: 70 kcal; 292 kJ; 0g E; 0g F; 17g KH)

1/2 l	Apfelsaft (naturrein)	1 TL	Agar-Agar
2 EL	Apfeldicksaft		

Apfelsaft, Dicksaft und Agar-Agar mischen, erhitzen und 2 Minuten kochen lassen, abkühlen. Erst nach dem Abkühlen wird die Masse fest.

Backäpfel (für 2 Personen)

(1 Portion ca. 130g: 104 kcal; 434 kJ; 1g E; 0g F; 24g KH)

2	süße Äpfel	2 TL	Apfeldicksaft
2 EL	Rosinen		

Äpfel aushöhlen, Rosinen und Apfeldicksaft mischen, in die Äpfel füllen und bei 200 Grad ca. 15 Minuten backen.

2.7 Kuchen und Gebäck

2.7.1 Hefeteig

Grundrezept Hefeteig (für 1 Blech)

(100g: 278 kcal; 1164 kJ; 7g E; 8g F; 44g KH)

500 g	Weizenmehl (oder Vollkornmehl)	2 EL	Apfeldicksaft
1/2 Pack	Frischhefe (bei Vollkornmehl etwas mehr Hefe nehmen)	1 Pr	Salz
		80 g	milcheiweißfreie Margarine

Mehl in eine Schüssel geben, in die Mitte eine Mulde drücken. Hefe in die Mulde bröckeln und Dicksaft und etwas lauwarmes Wasser dazugeben. Die Zutaten zu einem Vorteig verkneten. 15 Minuten gehen lassen. Restliche Zutaten und ca. 1/4 Liter warmes Wasser hinzufügen, gut miteinander verkneten und ca. 1 Stunde gehen lassen (Teig sollte sich verdoppelt haben). Diese Menge reicht für ein Blech und dient als Grundlage für Obstkuchen u.ä.

Bienenstich mit Streusel (für 1 Blech)

(1 Portion ca. 170g; 460 kcal; 1924 kJ; 8 g E; 25 g F; 47 g KH)

1	Grundrezept Hefeteig (Rezept siehe oben)		Für die Creme:
	Öl für das Blech	1 l	Sojamilch (oder Alfaré-Lösung)
		2	Vanillestangen
		2 EL	Apfeldicksaft
	Für die Streusel:	80–90 g	Mondamin
300 g	Mehl	200 g	milcheiweißfreie Margarine
200 g	milcheiweißfreie Margarine		
60 g	Traubenzucker		
2 Msp	Vanillemark		

Hefeteig zubereiten. Für die Streusel Mehl, Margarine, Traubenzucker und Vanillemark mit der Hand verkneten. Eventuell etwas Mehl zugeben. Die Streusel sollen krümelig sein. Hefeteig ausrollen, auf einem gefetteten Blech verteilen, nochmals 20 Minuten gehen lassen. Die Streusel auf den Teig streuen und bei 200 Grad 30 Minuten backen. Nach dem Abkühlen den Teig zunächst vierteln und die Viertel der Länge nach halbieren.

Sojamilch mit ausgeschabtem Vanillemark zum Kochen bringen, von der Kochstelle nehmen, den Dicksaft unterrühren. Das Mondamin mit etwas kaltem Wasser anrühren, in die kochende Milch rühren und dann erkalten lassen. Margarine weichrühren, die Creme eßlöffelweise in die Margarine einrühren. Die Creme auf die unteren Hefeteig-Viertel verteilen. Die Teigdeckel mit den Streuseln daraufsetzen.

Obst-Streuselkuchen (für 1 Blech)

(1 Portion ca. 150g: 356 kcal; 1490 kJ; 6g E; 15g F; 48g KH)

1	Grundrezept Hefeteig (Rezept siehe Seite 152)	300 g	Mehl
	Öl für das Backblech	200 g	milcheiweißfreie Margarine
500 g	Obst der Saison (z.B. Äpfel, Birnen, Pflaumen, Kirschen)	60 g	Ur-Süße
		2 Msp	Vanillemark

Den Hefeteig für den Boden nach dem Grundrezept bereiten (Rezept siehe Seite 156). Den Teig auf ein gefettetes Blech geben. Das Obst waschen und vorbereiten. Klein schneiden und gleichmäßig auf dem Teig verteilen. Für die Streusel das Mehl mit Margarine, Ur-Süße und Vanillemark gut verkneten. Eventuell Mehl zugeben, damit die Streusel krümelig sind. Streusel auf dem Obst verteilen. Den Kuchen im vorgeheizten Ofen bei 200 Grad ungefähr 30 Minuten backen.

Hefeschnecken (ca. 12 Stück)

(1 Portion ca. 90g: 263 kcal; 1100 kJ; 6g E; 7g F; 43g KH)

	Grundrezept Hefeteig (Rezept siehe Seite 156)	200 g	Rosinen (ungeschwefelt)
			Öl für das Backblech
2 EL	Tahin (Sesammus)		

Hefeteig nach dem Grundrezept zubereiten und ausrollen. Tahin darauf verstreichen. Die Rosinen auf dem Teig verteilen und zur Rolle aufrollen. Mit einem scharfen Messer Scheiben von ca. 2 Zentimeter Dicke abschneiden, auf ein gefettetes Backblech legen und bei 200 Grad 30 Minuten backen.

Dampfnudeln (ca. 8 Stück)

(1 Dampfnudel ca. 120g: 364 kcal; 1526 kJ; 10g E; 18g F, 39g KH)

500 g	Weizenvollkornmehl		Für das Kochwasser:
1 Würfel	Hefe	1/8 l	Öl
300 ml	Sojamilch	1 Pr	Salz
1 EL	Birnendicksaft		
1 Pr	Salz		

Mehl in eine Schüssel geben. In die Mitte eine Mulde drücken. Die Hefe hineinbröckeln und etwas lauwarme Sojamilch angießen. Verkneten und 15 Minuten gehen lassen. Restliche Sojamilch, Dicksaft und Salz unterkneten. Den Hefeteig ca. 60 Minuten gehen lassen. Der Teig sollte sich dann verdoppelt haben.

Aus dem Hefeteig ca. 8 Klöße formen. Öl und 5 Eßlöffel Wasser vermischen und salzen. Die Klöße hineinsetzen, und den Topf mit einem Deckel verschließen. Bei mittlerer Hitze 20 bis 25 Minuten garen, ohne den Deckel zu öffnen!

Dazu: Vanillesauce und Kompott

Rosinenkrapfen (ca. 1 Stück)

(1 Krapfen ca. 90g. 325 kcal; 1359 kJ; 6g E; 14g F, 41g KH)

1/2 Pack	Frischhefe	1 Pr	Salz
2 EL	Birnendicksaft	1 Msp	Vanillemark
1/4 l	Sojamilch	150 g	Rosinen
500 g	Weizenmehl		Öl zum Ausbacken
80 g	milcheiweißfreie Margarine		

Die Hefe mit 1 Eßlöffel Dicksaft und 4 Eßlöffeln lauwarmer Sojamilch verrühren und etwa 15 Minuten gehen lassen. Inzwischen aus Mehl, restlichem Dicksaft, restlicher Sojamilch und Fett einen Teig herstellen. Zum Schluß Salz, Vanille und Rosinen unterrühren. Teig so lange schlagen, bis er Blasen wirft. Nochmals gehen lassen, bis der Teig sich verdoppelt hat. Kleine Ballen formen und in heißem Öl ausbacken (oder schwimmend in Fett).

Hefewaffeln (ca. 8 Stück)

(1 Waffel ca. 65g: 171 kcal; 714 kJ; 4g E; 7g F; 229g KH)

200 g	Weizenmehl (oder Vollkornmehl)	60 g	milcheiweißfreie Margarine
15–20 g	Hefe	2 EL	Birnendicksaft
1/4 l	Sojamilch mit Wasser		

Hefe mit Birnendicksaft und ca. 4 Eßlöffeln lauwarmer Sojamilch mit Wasser verrühren, unter das Mehl rühren, Margarine und restliche, lauwarme Flüssigkeit hinzufügen. Ca. 30 bis 45 Minuten gehen lassen. Der Teig sollte zähflüssig sein, aber noch vom Löffel laufen. Waffeln im Waffeleisen abbacken.

Birnenbrot

(1 Portion ca. 95g: 242 kcal; 1015 kJ; 7g E; 4g F; 44g KH)

1 kg	getrocknete Birnen	1 EL	Birnendicksaft
750 g	Weizenvollkornmehl	1/2 TL	Zimt
1 Würfel	Hefe	150 g	Sesam
1/2 TL	Meersalz		Öl für das Blech

Birnen zerkleinern und über Nacht in Wasser einweichen. Mit dem Einweichwasser aus Mehl, Hefe, Salz, Dicksaft und Zimt einen Hefeteig herstellen. Ca. 15 Minuten gehen lassen. Sesam eventuell hacken und mit den Birnen in den Hefeteig kneten, so daß ein recht fester Teig entsteht. Nochmals 60 Minuten gehen lassen. Ein großes Brot oder kleinere Laibchen formen. Mit Wasser bestreichen, auf ein gefettetes Blech setzen und das Brot bei 200 Grad 50 Minuten, die Laibchen 20 Minuten backen.

2.7.2 Mürbeteig

Grundrezept Mürbeteig (für 1 Springform mit 26 cm Ø)

(100g: 434 kcal; 1813 kJ; 6g E; 24g F; 46g KH)

125 g	milcheiweißfreie Margarine	1 Pr	Salz
3 EL	Traubenzucker	250 g	Weizenmehl oder Vollkornmehl
1–2 EL	Apfelsaft (naturrein)	1 Msp	Backpulver

Margarine und Traubenzucker schaumig rühren, 2 bis 3 Eßlöffel Wasser, Apfelsaft und Salz zugeben. Mehl mit Backpulver mischen und langsam unterrühren. Knetteig ca. 1/2 Stunde im Kühlschrank ruhenlassen.

Süßer Kirschkuchen

(1 Portion ca. 80g: 184 kcal; 770 kJ; 3g E; 10g F; 20g KH)

250 g	Weizenvollkornmehl	1 TL	Backpulver
500 g	Süßkirschen	1/2 TL	Vanillemark
125 g	milcheiweißfreie Margarine	1/2 Tasse	Mineralwasser
4 EL	Birnendicksaft	Etwas	Öl für die Form

Aus Mehl, Margarine, Dicksaft, Backpulver, Vanille und Mineralwasser einen lockeren Teig kneten. Die Kirschen waschen, entsteinen und unter den Teig heben. In eine gefettete Springform füllen und den Kuchen bei 180 Grad etwa 40 Minuten backen.

Obstboden

(100g: 450 kcal; 1881 kJ; 6g E; 28g F; 42g KH)

250 g	Weizenmehl (oder Vollkornmehl)	1 Msp	Meersalz
150 g	milcheiweißfreie Margarine		Backpulver
1/2 Tasse	Sojamilch	Etwas	Öl für die Form
4 EL	Birnendicksaft		Paniermehl

Mehl, Margarine, Sojamilch, Dicksaft, Salz und Backpulver schnell verkneten und kalt stellen. Teig ausrollen und in eine gefettete und mit Paniermehl ausgestreute Tortenform legen. Bei 180 Grad ca. 30 Minuten backen. Auskühlen lassen und beliebig mit Obst belegen.

Tortenguß: Apfelsaft (naturrein) leicht mit Nestargel oder Kartoffelmehl andicken.

Apple-Pie

(1 Portion ca. 130g: 255 kcal; 1067 kJ; 3g E; 14g F; 29g KH)

	Für den Teig:		Für die Füllung:
250 g	Weizenvollkornmehl (oder Type 1050)	Ca. 1 kg	süße Äpfel
		2–3 EL	Apfelsaft (naturrein)
175 g	milcheiweißfreie Margarine	100 g	Rosinen
5 EL	Eiswasser	1 EL	Weizenvollkornmehl
1 Pr	Salz	Etwas	Öl für die Form

Mehl, Margarine, Eiswasser und Salz mischen und 5 Minuten gut kneten.

Äpfel schälen, entkernen und in Scheiben schneiden, Apfelsaft und Rosinen untermischen. Mit dem Mehl binden. Knapp die Hälfte des Teigs ausrollen, mit der Springform den Deckel ausstechen. Rest des Teigs ausrollen, in eine gefettete Springform legen (seitlich 3 bis 4 Zentimeter hoch), Apfelmasse einfüllen und mit dem Teigdeckel belegen. Deckel mit einer Gabel mehrmals einstechen und bei 200 Grad ca. 40 Minuten backen.

Englische Teeküchlein (ca. 1 Stück)

(1 Küchlein ca. 70g: 235 kcal; 983 kJ; 4g E; 10g F; 32g KH)

225 g	Datteln	3 EL	Birnendicksaft
1 TL	Backpulver	40 g	Sesam
300 g	Weizenmehl (oder Vollkornmehl)	Etwas	Vanillemark
100 g	milcheiweißfreie Margarine	Etwas	Öl für die Förmchen

Die Datteln fein hacken. Backpulver über die Datteln streuen, 150 Milliliter kochendes Wasser hinzufügen und alles verrühren. Mehl und restliche Zutaten hinzufügen und alles so lange mixen, bis ein etwas zäher Teig entsteht. Kleine Tortelett-Backformen ausfetten und den Teig bis zu 2/3 einfüllen. Bei ca. 180 Grad 20 bis 25 Minuten backen.

Cremetorte

(1 Portion ca. 120g: 391 kcal; 1635 kJ, 4g E; 30g F; 25g KH)

1	Mürbeteig-Obstboden (siehe Rezept Seite 161)	3 EL	Birnendicksaft
		3 EL	Mondamin (oder Kartoffelstärke)
200 g	Himbeeren oder Brombeeren	250 g	milcheiweißfreie Margarine (nicht wasserhaltig)
1/2 l	Sojamilch (oder Alfaré-Lösung)		
2	Vanillestangen		

Laut Rezeptangaben einen Ostboden zubereiten und backen. Abkühlen lassen. Boden mit ca. 250 Gramm gewaschenen Himbeeren oder Brombeeren belegen.

Sojamilch mit den aufgeschlitzten Vanillestangen zum Kochen bringen. Vorher etwas Sojamilch abnehmen und mit Mondamin und Dicksaft verrühren. Kochende Milch damit anrühren. Die Creme sollte recht fest sein. Abkühlen lassen. Margarine (gleiche Temperatur wie Creme) weichrühren und löffelweise die Creme unterrühren. Margarinecreme auf das Obst streichen, mit einem Spritzbeutel noch etwas Creme zum Verzieren auf die Torte setzen. Bis zum Verzehr kalt stellen.

2.7.3 Gebäck

Sesamplätzchen

(1 Portion ca. 30g: 141 kcal; 591 kJ, 3g E; 9g F; 11g KH)

250 g	Weizenmehl oder Vollkornmehl	5 EL	Sojamilch
3 g	Backpulver	100 g	milcheiweißfreie Margarine
3 EL	Birnendicksaft	200 g	Sesam (gemahlen)
Etwas	Vanillemark		Sesam zum Garnieren

Mehl, Backpulver, Dicksaft, Vanillemark und 4 Eßlöffel Sojamilch zu einem dicken Teig verarbeiten. Das kalte Fett und das Sesammehl hinzufügen und schnell zu einem glatten Teig verkneten, etwa 15 Minuten in den Kühlschrank stellen. Den Teig auf einer bemehlten Fläche ca. 3 Millimeter dick ausrollen und runde Plätzchen ausstechen, auf ein mit Backpapier ausgelegtes Backblech setzen, mit der restlichen Sojamilch bestreichen und mit Sesam bestreuen. Bei ca. 200 Grad 10 bis 15 Minuten backen.

Hirseplätzchen

(1 Portion ca. 30g: 90 kcal; 376 kJ; 2g E; 4g F; 12g KH)

100 g	Hirsemehl	2 TL	Backpulver
100 g	Naturreismehl	50 g	milcheiweißfreie Margarine
1/4 TL	Salz	Etwas	Öl für das Blech

Mehl, Salz und Backpulver mischen, Fett und 100 Milliliter Wasser einarbeiten und Teig gut durchkneten. Teig ca. 1 Zentimeter dick ausrollen, Kreise ausstechen, auf ein gefettetes Backblech legen und bei 190 Grad 10 bis 15 Minuten backen.

Früchtebrötchen

(1 Portion ca. 30g: 87 kcal; 363 kJ; 1g E; 3g F; 13g KH)

50 g	Buchweizenmehl	50 g	Trockenfrüchte (ungeschwefelt)
150 g	Naturreismehl	100 g	geriebener Apfel
2 TL	Backpulver	6 EL	Sojamilch
50 g	milcheiweißfreie Margarine	Etwas	Öl für das Blech

Mehl durchsieben, mit Backpulver mischen. Das Fett einarbeiten. Früchte klein schneiden und mit dem Apfel und der Sojamilch zum Teig geben und so lange kneten, bis ein weicher Teig entsteht. Teig löffelweise auf ein gefettetes Backblech setzen und bei 230 Grad 15 bis 20 Minuten backen.

Spritzgebäck

(1 Portion ca. 30g: 165 kcal; 689 kJ; 1g E; 12g F; 12g KH)

150 g	milcheiweißfreie Margarine	125 g	Weizenmehl
60 ml	Birnendicksaft	Etwas	Öl für das Blech
	Mark von 1 Vanillestange		

Margarine und Dicksaft schaumig rühren, Vanillemark zugeben. Das Mehl sieben und unterrühren. Teig im Kühlschrank ruhenlassen. Bei 160 Grad Heißluft oder 200 Grad ca. 10 Minuten goldbraun backen. Plätzchen auf einen Rost legen und abkühlen lassen (bröckeln leicht).

Variation:
Spritzgebäck mit Schokoladenglasur: Spritzgebäck zubereiten und vollständig erkalten lassen. 100 Gramm Kokosfett schmelzen, je 1 Eßlöffel Kakao und Karob unterrühren und die Plätzchen in die noch warme Masse eintauchen.

Schwarzweißgebäck

(1 Portion ca. 30g: 164 kcal; 686 kJ; 2g E; 12g F; 11g KH)

150 g	milcheiweißfreie Margarine	125 g	Weizenmehl
60 ml	Birnendicksaft	1 EL	Kakao
	Mark von 1 Vanillestange		Etwas Öl für das Blech

Spritzgebäckteig zubereiten (siehe Rezept Seite 164). Diesen halbieren und unter die eine Hälfte 1 EL Kakao rühren. 2 Rollen formen, diese miteinander verdrehen, Scheiben von ca. 1 Zentimeter abschneiden, auf ein gefettetes Backblech legen und bei 200 Grad 10 Minuten abbacken.

2.8 Brot und Brötchen

Es sind nur Hefebrote angegeben, weil viele Neurodermitiker auf die Säure im Sauerteigbrot reagieren, zumindest, wenn dieses sehr häufig gegeben wird.

Auf Backferment sollte verzichtet werden, weil dieses mit Honig versetzt ist.

Weizenvollkornbrot

(1 Scheibe ca. 50g: 111 kcal; 465 kJ; 4g E; 2g F, 19g KH)

500 g	Weizenvollkornmehl	2 EL	Öl
40 g	Hefe	1 TL	Meersalz

Mehl in eine Schüssel geben, mit 1/4 Liter lauwarmem Wasser vermischen und ca. 1 Stunde quellen lassen. Hefe über den Teig bröseln, Öl und Salz hinzufügen und noch ca. 1/8 bis 1/4 Liter lauwarmes Wasser hinzugeben, bis ein geschmeidiger Teig entsteht, der nicht mehr klebt. Die Schüssel mit einer Plastiktüte verschließen und an einem warmen Ort ca. 1 Stunde gehen lassen. Aus dem Teig einen Laib formen oder ihn in eine gefettete Kastenform füllen und nochmals gehen lassen (30 Minuten). Das Brot bei 160 Grad 1 Stunde backen.

Varation:
Rosinenbrot: Unter den Teig 150 g ungeschwefelte Rosinen kneten.

Mehrkornbrot

(1 Scheibe ca. 50g: 136 kcal; 570 kJ; 5g E; 5g F; 16g KH)

500 g	Weizenvollkornmehl	40 g	Hefe
1 TL	Meersalz	2 EL	Öl
			Je 1 Handvoll Sonnenblumenkerne, Sesam, Leinsamen

Einen Weizenvollkornbrotteig wie im Rezept auf Seite 165 beschrieben herstellen und vor dem zweiten Gehen je eine Handvoll Sonnenblumenkerne, Sesam und Leinsamen unterkneten. Genauso backen wie das Weizenbrot.

Aus den Brotteigen können auch jeweils Brötchen gebacken werden. Diese dann formen, auf ein gefettetes Backblech legen, mit lauwarmem Wasser bepinseln, einschneiden und im vorgeheizten Ofen bei 200 Grad 30 Minuten backen.

Nach Belieben können die Brötchen nach dem Bepinseln mit Sesam oder Sonnenblumenkernen bestreut werden.

Haferbrot

(1 Scheibe ca. 50g: 129 kcal; 540 kJ; 5g E; 3g F; 20g KH)

400 g	Hafermehl	2 EL	Öl
100 g	Weizenvollkornmehl	1 TL	Meersalz
30 g	Hefe		

Hafermehl und Weizenmehl mischen, in eine Schüssel geben und in die Mitte eine Vertiefung drükken. Hefe hineinbröseln, mit ca. 2 Eßlöffeln lauwarmem Wasser verrühren und ca. 15 Minuten gehen lassen. Restliche Zutaten und ca. 1/4 Liter Wasser (eher etwas weniger) hinzufügen und den Teig so lange kneten, bis er nicht mehr klebt. Nochmals 1 Stunde gehen lassen. Aus dem Teig einen Laib formen und nochmals ca. 30 Minuten gehen lassen. Mit einem Messer den Laib mehrmals einritzen und auf gefettetem Backblech bei 160 Grad 1 Stunde backen.

Müslistangen (ca. 14 Stück)

(1 Stange ca. 80g: 199 kcal; 834 kJ, 7g E; 7g F; 25g KH)

450 g	Weizenvollkornmehl		Je 1 Handvoll Rosinen, Leinsamen, Sesam und Sonnenblumenkerne
50 g	Roggenmehl	1 TL	Meersalz
35 g	Hefe	1 EL	Öl für das Blech

Mehl mischen, in die Mitte eine Vertiefung drücken, Hefe hineinbröseln, mit ca. 3 Eßlöffeln lauwarmem Wasser verrühren, ca. 15 Minuten gehen lassen. Noch ca. 300 Milliliter Wasser und übrige Zutaten unter den Teig kneten und noch mal 60 Minuten gehen lassen. Teig noch mal durchkneten und Stangen von ca. 20 Zentimeter Länge formen. Auf ein gefettetes Backblech legen, mit Wasser bepinseln und bei 200 Grad ca. 30 bis 40 Minuten backen.

2.9 Leckeres für zwischendurch

Popcorn, süß oder salzig

(1 Portion ca. 20g: 96 kcal; 402 kJ; 1g E; 5g F, 10g KH)

4 EL	Öl	1 EL	Birnendicksaft bzw.
125 g	getrocknete Maiskörner (Popkornmais)		etwas Meersalz

Öl in einen großen Topf mit Deckel geben, so daß der Boden gut bedeckt ist. Maiskörner so im Topf verteilen, daß sie nicht übereinanderliegen. Topf mit dem Deckel fest verschließen und die Herdplatte auf höchste Stufe stellen. Nach wenigen Augenblicken fängt der Mais an zu platzen (er springt gegen den Deckel). Jetzt die Hitze klein stellen. Wenn der Mais nicht mehr platzt, ist das Popcorn fertig. In eine Schüssel geben und entweder mit etwas Meersalz überstreuen oder 1 Eßlöffel Birnendicksaft zugeben und gut durchrühren.

Dattel-Sesam-Konfekt

(1 Portion ca. 20g: 72 kcal; 303 kJ; 2g E; 4g F; 7g KH)

150 g	Sesam	1 EL	Birnendicksaft
150 g	Datteln	1 Msp	Vanille
7 EL	Apfelsaft		

50 Gramm Sesamkörner in einer Getreidemühle oder einer Kaffeemühle fein mahlen. Das Sesammehl beiseite stellen. Die entsteinten Datteln durch einen Gemüsewolf drehen, mit dem Apfelsaft und den Sesamkörnern vermischen, Dicksaft und Vanille dazugeben. Teigmasse teelöffelweise zu Kugeln formen, durch das Sesammehl wälzen, kühl stellen und durchziehen lassen.

Schoko-Rosinen

(1 Portion ca. 20g: 96 kcal; 398 kJ; 1g E, 6g F, 9g KH)

100 g	Kokosfett	2 EL	Karob
200 g	Rosinen	1 EL	Kakao

Fett erwärmen und schmelzen lassen. Kakao und Karob durch ein Sieb drücken und langsam unter das Fett rühren. Falls es klumpt, nochmals erwärmen. Masse etwas abkühlen lassen, Rosinen darin wälzen und abkühlen lassen.

Knusperstangen

(1 Portion ca. 20g: 46 kcal; 193 kJ; 1g E; 1g F; 7g KH)

200 g	Weizenvollkornmehl (oder Type 1050)	1 EL	Öl
		1 Pr	Salz
1/2 TL	Backpulver		Öl für das Blech

Weizenmehl und Backpulver vermischen, Öl und Salz zugeben, mit dem Mixer verrühren und so viel Wasser (ca. 1/8 Liter) zugeben, bis ein dicker, nicht mehr klebender Teig entsteht. Diesen ca. 1 Stunde in den Kühlschrank stellen. Kleine Stücke abschneiden und zu langen Stangen mit ca. 1 Zentimeter Durchmesser formen. Diese auf ein gefettetes Backblech legen und 10 bis 15 Minuten goldbraun backen (bei 200 Grad).

Der Teig kann mit verschiedenen Samen (Sesam, Leinsamen) vermischt werden.

2.10 Getränke

Allgemeine Anmerkungen:

- Es sollten nur die Säfte getrunken werden, die zuckerfrei und naturrein sind. Außerdem sollten die Sorten bevorzugt werden, von denen auch das Obst genommen wird. Am besten sind nur Apfel- und Birnensaft. Den Säften sollte keine Säure beigefügt sein, wie z.B. künstliches Vitamin C (Ascorbinsäure)
- Beim Tee sollte man sich ebenfalls auf 1 bis 2 Sorten beschränken. Es sollten nie gemischte Teesorten getrunken werden. Gut vertragen werden in der Regel Fenchel- und Pfefferminztee.

Bananenmilch (für 2 Personen)

(1 Portion ca. 180g: 146 kcal; 610 kJ; 4g E; 5g F; 239g KH)

1	Banane	1 Msp	Vanillemark
1/4 l	Sojamilch (oder Alfaré-Lösung)	Evtl.1 TL	Birnendicksaft

Banane im Mixer pürieren, restliche Zutaten hinzugeben und alles gut durchrühren.

Beerenmilch (für 2 Personen)

(1 Portion ca. 250g: 164 kcal; 686 kJ, 5g E; 5g F; 25g KH)

200 g	gemischte Beeren (Himbeeren, Brombeeren)	1/4 l	Sojamilch (oder Alfaré-Lösung)
1/2	Banane	1 EL	Birnendicksaft
		1 Msp	Vanille

Beeren und Banane im Mixer pürieren, restliche Zutaten hinzufügen und alles gut miteinander verquirlen.

Kakao (für 2 Personen)

(1 Portion ca. 130g: 110 kcal; 461 kJ; 4g E; 5g F; 13g KH)

1/4 l	Sojamilch (oder Alfaré-Lösung)	1 TL	Karob
1 TL	Kakao	1 TL	Birnensaft

Von der Sojamilch ca. 3 Eßlöffel abnehmen, erhitzen und Karob und Kakao darin auflösen, in die restliche Milch einrühren, mit Dicksaft süßen. Kann kalt und warm getrunken werden.

Krafttrunk (für 2 Personen)

(1 Portion ca. 100g: 116 kcal; 481 kJ; 4g E; 5g F, 16g KH)

1 EL	Sojaflocken	1/8 l	Sojamilch
1/2	Banane	1 EL	Sanddornsaft
1 TL	Sesammus	1 EL	Birnendicksaft

Sojaflocken mit etwas Wasser aufschlagen, so daß die Masse sahnig wird. Banane mit Sesammus im Mixer verquirlen, restliche Zutaten hinzufügen. Zuletzt die Sojaflockenmischung unterheben.

Vitamintrunk (für 2 Personen)

(1 Portion ca. 260g: 203 kcal; 429 kJ; 1g E; 0 g F; 24 g KH)

1/2	Honigmelone	1 EL	Sanddornsaft
1/8 l	Apfelsaft (nuturrein)	1/8 l	Fencheltee
1/8 l	Birnensaft (naturrein)		

Honigmelone aushöhlen und das Fruchtfleisch in kleine Stückchen schneiden. Säfte mit dem Tee mischen und die Melonenstückchen hineingeben.

Melonenbowle (für 4 Personen)

(1 Portion ca. 200g: 94 kcal; 392 kJ; 1g E; 0g F; 22g KH)

1	Banane	1/8 l	Birnensaft
1/2	Honigmelone	1 EL	Birnendicksaft
1/4	Wassermelone	1/8 l	Mineralwasser
1/8 l	Apfelsaft		

Banane schälen, Melonen aushöhlen. Fruchtfleisch in mundgerechte Stücke schneiden. Säfte mischen und über das Obst gießen, Birnendicksaft hineinrühren und etwas ziehen lassen. Vor dem Servieren das Mineralwasser zugießen.

2.11 Tips für den Kindergeburtstag oder für Gäste

Früchte-Fondue

(pro Kind 200 bis 300 g Obst: 135 kcal; 570 kJ; 1g E; 1g F; 31g KH)

Bananen	Brombeeren
Äpfel	Papayas
Birnen	Mangos

Obst waschen und vorbereiten. In mundgerechte Stücke schneiden. Mit Schokoladen-, Himbeer- oder Vanillesauce (vgl. die folgenden drei Rezepte) als Fondue servieren: Fruchtstücke auf Fonduegabeln stechen und in die Sauce tauchen.

Schokoladensauce (für 2 Personen)

(1 Portion ca. 25g: 61 kcal; 254 kJ, 2g E; 3g F; 6g KH)

1 EL	Karob	1 TL	Birnendicksaft
1 EL	Kakao	1 TL	Vanillemark
3 EL	Sojacreme		

Karob und Kakao mischen. Mit Sojacreme, Dicksaft und Vanille verrühren.

Himbeersauce (für 2 Personen)

(1 Portion ca. 70g: 51 kcal; 212 kJ; 1g E; 2g F; 7g KH)

100 g	Himbeeren	1 EL	Birnendicksaft
3 EL	Sojacreme		

Himbeeren im Mixer pürieren. Mit Sojacreme verrühren und mit Dicksaft süßen.

Vanillesauce (für 2 Personen)

(1 Portion ca. 130g: 72 kcal; 303 kJ; 4g E; 2g F; 10g KH)

1	Vanillestange	1 EL	Birnendicksaft
1/4 l	Sojamilch	1 EL	Mondamin

Vanillestange aufschlitzen, Mark auskratzen und mit der Sojamilch erhitzen. Dicksaft einrühren und mit Mondamin (vorher mit ca. 1 Eßlöffel Wasser anführen, damit es nicht klumpt) andicken.

Bananenmilch (für 2 Personen)

siehe Rezept S. 169

Eis-Schokolade (für 4 Personen)

(1 Portion ca. 125g: 56 kcal; 236 kJ; 4g E; 2g F; 5g KH)

1/2 l	Sojamilch	1 EL	Birnendicksaft
1 EL	Karob		

Alle Zutaten im Mixer vermischen. Im Tiefkühlfach des Eisschranks gefrieren. Dabei gelegentlich mit dem Schneebesen durchschlagen, damit sich keine Eiskristalle bilden.

Waffeln (ca. 8 Stück)

(1 Waffel ca. 80g: 209 kcal; 875 kJ; 5g E; 11g F; 21g KH)

100 g	milcheiweißfreie Margarine	1	Vanillestange
2 EL	Zuckerrübensirup	250 g	Weizenvollkornmehl
Ca. 1/4 l	Sojamilch	1/2 Pack	Backpulver

Milcheiweißfreie Margarine mit Sirup weichrühren, Sojamilch und ausgekratztes Vanillemark zugeben. Weizenmehl und Backpulver mischen und langsam unterrühren. Teig sollte dickflüssig sein. Waffeln im Waffeleisen abbacken.

Dazu paßt Tofu-Creme (siehe folgendes Rezept oder Vanillesauce (siehe Rezept Seite 173).

Tofu-Creme (ca. 200g)

(1 Waffel mit 20g Tofu-Creme: 241 kcal; 1007 kJ; 7g E; 13g F; 23g KH)

175 g	Tofu	1 1/2 TL	Öl
1 TL	Vanillemark	1/4 TL	Salz
		25 g	Zuckerrübensirup

Alle Zutaten im Mixer aufschlagen.

Karamel-Bonbons (ca. 40 Stück)

(1 Stück ca. 5g: 28 kcal; 118 kJ; 2g F; 1g KH)

100 g	Kokosfett	100 g	Zuckerrübensirup

Fett in einer Pfanne erhitzen. Zuckersirup einrühren, bis die Masse karamelisiert.
Nach dem Erkalten in Stücke schneiden.

Krapfen (ca. 15 Stück)

(1 Stück ca. 70g: 186 kcal; 779 kJ, 5g E; 5g F; 28g KH)

500 g	Weizenvollkornmehl	Etwas	Vanillemark
1/2 Pack	Hefe	80 g	milcheiweißfreie Margarine
1/4 l	Sojamilch	150 g	Rosinen
30 ml	Apfel- oder Birnendicksaft	Ca. 1 l	Öl zum Ausbacken
1 Pr	Salz		

Mehl in eine Schüssel geben, in die Mitte eine Mulde drücken und Hefe hineinbröckeln. Sojamilch erwärmen, davon 4 Eßlöffel zur Hefe geben, dazu einen Teelöffel Dicksaft und die Hefe auflösen. Den Teig in zugedeckter Schüssel lauwarm 15 Minuten gehen lassen. Diesen Vorteig mit etwas Mehl verrühren, restliche warme Sojamilch, restlichen Dicksaft, Salz, Vanillemark, weiche Margarine und gewaschene Rosinen untermengen. Teig so lange schlagen, bis er sich von der Schüssel löst und Blasen wirft. Teig zugedeckt lauwarm in der Schüssel gehen lassen (ca. 1 Stunde). Kleine Ballen formen oder Teig zu einer 3 1/2 Zentimeter dicken Platte auswellen und kleine Krapfen von 5 bis 6 Zentimeter Durchmesser ausstechen. Krapfen auf leicht bemehltes Tuch legen, mit angewärmtem Tuch zudecken und nochmals gehen lassen. Krapfen mit der Oberseite nach unten vorsichtig in heißes Backöl einlegen und 2 bis 4 Minuten zugedeckt backen. Topfdeckel vorsichtig abnehmen, Krapfen wenden und fertig backen. Fertige Krapfen mit dem Schaumlöffel herausnehmen und zum Abtropfen auf Küchenpapier legen.

Pizza (1 Blech)

(1 Portion Pizza ohne Belag ca. 65g: 141 kcal; 554 kJ, 5g E; 1g F; 28g KH)

	Teig:	Vorschlag für Belag:
500 g	Weizenmehl (oder Vollkornmehl)	Brokkoli
1/2 Pack	Hefe	Lauch
1 TL	Salz	Champignons (frisch)
1/4 l	Wasser	Rinderhack
		Öl
		Schafs- oder Ziegenkäse
		Oregano
		Kräutersalz

Nach dem Grundrezept von Seite 156 einen Hefeteig zubereiten. Gemüse und Pilze waschen, putzen und klein schneiden. Rinderhack in Öl anbraten. Den gegangenen Teig auf Backpapier auswellen, auf ein Blech legen und die vorbereiteten Zutaten darauf verteilen. Den Käse würfeln (es gibt Schafskäse, der zerläuft) und darübergeben. Mit den Gewürzen bestreuen. Die Pizza im vorgeheizten Ofen bei 200 Grad ca. 30 bis 40 Minuten backen.

Melonenschiffchen

(1 Portion [mit Marmelade] ca. 50g: 46 kcal; 191 kJ, 1g E; 11g KH)

Kleine Honigmelone (je nach Anzahl der Gäste)	selbstgemachte Marmelade (siehe Rezept Seite 46)

Melone in kleine Stücke schneiden (achteln) und auf ein Schiffchen jeweils 1 Teelöffel Marmelade geben. Ein Zahnstocher dient als Picker.